westermann

INTRO

Deutsch als Zweitsprache

Arbeitsheft A2
Schule/Deutschland entdecken

Herausgeberinnen:
Gabriele Kniffka
Birgit Neuer

Autorinnen:
Laura Bollmann
Beate Frenzel
Gabriele Kniffka
Birgit Neuer
Laura Rudolphi
Marianne Schöler
Mona Teusch
Zita van Wylick

Beraten durch:
Hannelore Müller
ZfA - Zentralstelle für das Auslandsschulwesen (Ulrich Dronske)

Inhalt Seite

2 Schule

Inhalt Seite

3 Deutschland entdecken

2 Schule

Orientierung in der Schule

1 Schulfest in der Kastelbergschule

In der Kastelbergschule findet ein großes Schulfest statt. Die Schülerinnen und Schüler präsentieren Projekte, sie zeigen Bilder und Kunstobjekte und sie machen Experimente für interessierte Eltern und Mitschüler.
Manuel und Lara schreiben einen Flyer für die Besucher.

a Lies den Text über das Schulfest und ergänze den Flyer von Manuel und Lara unten.

Die Klassen 5a und 5 b machen eine Cafeteria. Sie servieren Kaffee, Tee und Kuchen in der Mensa. Hier gibt es auch exotischen Obstsalat aus Bananen, Mangos, Ananas und Papayas. Zeynep und Umur verkaufen Börek, Ahmed und Selma Falafel.
Die Schüler der Klasse 6 zeigen einige Experimente mit Elektrizität, zum Beispiel die Zitronenbatterie. Sie machen die Experimente im Physikraum. Die Klasse 7 gibt kleine Konzerte. Sie spielen im Musikraum. Klasse 8 organisiert eine Kunstausstellung – die Schülerinnen und Schüler haben Bilder und Skulpturen zum Thema „Meine Schule“ gemacht.
Im Biologieraum ist die Klasse 9. Die Schülerinnen und Schüler informieren über gesundes Essen. Die Klasse 10 hat einen Kurzfilm gedreht. Sie zeigt den Film in der Aula.

Schulfest in der Kastelbergschule

Samstag, 09. Juni, 10-16 Uhr

Wer?	Was?	Wo?
Klasse 5 a/b	Cafeteria	Mensa

b Für das Schulfest braucht die Schule noch Hinweisschilder.
Schau dir den Plan der Kastelbergschule auf Seite 30 im Kursbuch noch einmal an und ergänze die Hinweisschilder. Ordne ihnen auch die passende Abbildung zu.

Beispiel:

Cafeteria
Mensa – Untergeschoss

Experimente mit Elektrizität

____

Konzert der Klasse 7

____

Kunstausstellung „Meine Schule“

____

Gesunde Ernährung heute

____

Kurzfilm der Klasse 10

____

Internationales Schulfest

An der Kastelbergschule ist Schulfest. Es hat das Thema „Viele Kulturen unter einem Dach". Viele Schülerinnen und Schüler haben das Fest vorbereitet. Es gibt auch ein internationales Büffet mit Gerichten und Getränken aus aller Welt.

1 a Schau dir das internationale Büffet an.

b Welche Speisen und Getränke kannst du am internationalen Büffet kaufen? Aus welchen Ländern kommen sie? Trage in die Tabelle ein.

Speisen	Getränke	Land
		Afghanistan
		Griechenland
		Indien
		Iran
		Nigeria
		Russland
		Spanien
		Syrien
		Türkei

c Was kennst du schon? Was möchtest du gerne probieren? Tausche dich mit deinem Partner / deiner Partnerin aus.

Nejma, Mahmut, Elena, Manuel, Ayşe und Murat besuchen das internationale Schulfest. Sie haben Hunger und Durst. Sie schauen sich an, was es gibt. Sie überlegen, was sie essen und trinken möchten.

2 a Lies den Dialog.

Nejma:	Schaut euch mal dieses Büffet an! Das ist ja toll, was es da alles zu essen und zu trinken gibt. Wisst ihr schon, was ihr nehmen wollt?
Elena:	Ich esse die griechische Pita mit Spinat. Die kommt aus meiner Heimat. Superlecker!
Nejma:	Und was trinkst du? Ich trinke den Horchata, eine Art süßes Milchgetränk aus Erdmandeln. Das Getränk habe ich mal in Spanien getrunken.
Elena:	Ich trinke einen Zumo de Naranja natural aus Spanien. Das ist ein frisch gepresster Orangensaft.
Mahmut:	Ich probiere mal diesen griechischen Auflauf, Moussaka. Und ich trinke einen indischen Mango Chai. Was magst du essen, Nejma?
Nejma:	Ich probiere die Paella aus Spanien. Die sieht total lecker aus. Ayşe, was nimmst du?
Ayşe:	Das ist so viel! Ich weiß gar nicht, was ich nehmen soll. Ah, ich glaube, ich trinke einen syrischen Anistee und ich esse Kabuli aus Afghanistan und nehme eine Portion Hummus dazu.
Manuel:	Das klingt gut, Ayşe. Aber ich mag am liebsten etwas Süßes. Ich nehme einen Çay und fünf von den Tatli aus der Türkei.
Murat:	Ich probiere mal die iranische Zucchinisuppe mit Zitrone. Das Gericht kenne ich nicht. Und ich trinke einen Dooch, das ist ein Joghurt mit Minze, Gurke und Petersilie.
Nejma:	Super, dann lasst uns bestellen und einen Platz für uns suchen!

b Wer möchte was essen und trinken? Schreibe auf.

Elena trinkt einen Zumo de Naranja und sie isst eine griechische Pita.

____

____

____

____

____

____

unbestimmte Artikel im Akkusativ

der Saft	... trinkt einen Saft.
die Suppe	... isst eine Suppe.
das Eis	... isst ein Eis.

Internationales Büffet

Beim internationalen Schulfest in der Kastelbergschule sind Noura und Saria dafür verantwortlich, die Einnahmen des internationalen Büffets aufzuschreiben. Die anderen Schülerinnen und Schüler berichten, was sie verkauft haben und wie viel sie eingenommen haben.

1 Lies die Texte.

Tyron aus dem Sudan:
Das Nationalgericht aus meiner Heimat ist Ful. Ful besteht aus Favabohnen, die zu einem dicken Brei eingekocht werden. Häufig wird Ful mit Zwiebeln und Tomaten vermischt. Ich habe insgesamt 42 € eingenommen.

Rosil aus Syrien:
Ich habe 15 kleine Portionen und 8 große Portionen Mamouniye verkauft. Mamouniye ist eine süße Speise aus Syrien. Ich habe 2 € für eine kleine und 4 € für eine große Portion berechnet.

Kaltrina aus Algerien:
Unser Couscous-Salat war sehr beliebt. Wir haben alles verkauft. Damit haben wir 55 € eingenommen.

Ekaterina aus Russland:
Die Teigtaschen haben wir nach dem Rezept meiner Oma zubereitet. Eine Teigtasche hat 3 Euro gekostet. Insgesamt haben wir 26 Portionen verkauft.

Ali und Mina aus dem Libanon:
Wir haben Gurkensalat mit Falafel angeboten. Die große Portion hat 3 € gekostet und die kleine 1,50 €. Wir haben 18 kleine Portionen und 15 große Portionen verkauft.

Lya und Shaba aus dem Iran:
Wir haben iranische Plätzchen verkauft. Wir nennen sie Külçe. Wir haben 25 Packungen für jeweils 3 € verkauft.

Missagh und Haiag aus dem Irak:
Kubba ist ein traditionelles Gericht aus Getreide und Fleisch. Viele Gäste haben bei uns gegessen. Wir haben 30 Portionen verkauft. Eine Portion kostet 1,50 €.

Larien aus dem Jemen:
Unser arabischer Grießkuchen nennt sich Basbousa. Diese traditionelle arabische Nachspeise wird mit Grieß und Joghurt und Sirup zubereitet. Mit dem Verkauf haben wir 56 € eingenommen.

Aleyna aus der Türkei:
Unser türkischer Tee kam richtig gut bei den Gästen an: Wir haben 58,50 € eingenommen.

Aleksa und Lazar aus Serbien:
Mit der Pasulj, das ist eine serbische Bohnensuppe, haben wir heute 48 € verdient. Alle haben gesagt es war sehr lecker. Das war toll!

2 a Welche Speisen und welche Getränke werden verkauft? Trage in die Tabelle ein.
Hinweis: Manche Felder bleiben frei.

b Wie viel Geld wird insgesamt eingenommen? Berechne. 1+2=

c Vervollständige den Antwortsatz.

Welche Speise?	Wie teuer?	Wie viel verkauft?	Rechnung	Wie viel Geld nehmen sie ein?
Kubba	1,50 €	30 Portionen	1,50 € · 30 = 45,00 €	45,00 €

Sie haben insgesamt ____________________ € eingenommen.

S. 200–201 ◂ GR
S. 195

In der Mensa

Anna und Julia sind in der 5 a und helfen beim Schulfest in der Cafeteria. Sie schreiben einen Bericht über die Cafeteria für die Homepage.

1 a Lies den Bericht.

Die Cafeteria ist ein voller Erfolg!

Viele Menschen sind heute in der Mensa. Sie möchten das leckere Essen probieren. Kein Wunder, es sieht auch wirklich gut aus: Getränke stehen auf dem Tisch. Der Kuchen steht neben den Getränken. Es gibt leckere Zimtschnecken und Schokoladenkuchen. Der Pflaumenkuchen steht zwischen den Zimtschnecken und dem Schokoladenkuchen. Es gibt aber auch Brötchen, für alle die keinen Kuchen möchten. Die Brötchen findet ihr vor dem Schokoladenkuchen. Teller sind unter dem Tisch. Sie liegen direkt neben den Bechern. Guten Appetit!

b Was ist wo?
Lies die Fragen. Markiere die Antworten im Text.
Schreibe dann die Antworten auf.

Auf die Frage „Wo?" folgt der **Dativ**!
das Besteck
→ Der Teller ist neben dem Besteck.
der Topf
→ Der Deckel liegt auf dem Topf.
die Flasche
→ Das Glas steht hinter der Flasche.

Wo sind heute viele Menschen? In der Mensa ______.

Wo stehen die Getränke? ______.

Wo steht der Kuchen? ______.

Wo steht der Pflaumenkuchen? ______.

Wo sind die Brötchen? ______.

Wo sind die Teller? ______.

Wo sind die Becher? ______.

c Welche Präposition passt? Ergänze das Schema.

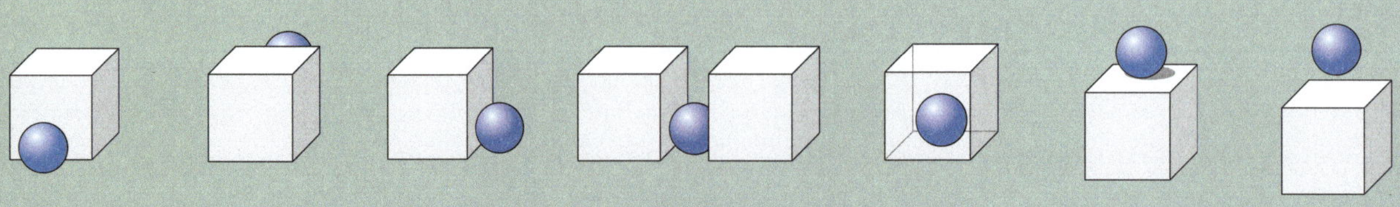

vor ______ | ______ | ______ | ______ | ______ | ______ | ______

d **Schreibe einen Beitrag zum Obstbüffet. Verwende mindestens vier Präpositionen.**

In der Cafeteria gibt es auch ein leckeres Obstbüffet.

Dort findet ihr ...

Die Bananen liegen ...

Die roten Äpfel sind ...

e **Decke den Büffettisch. Lies die Beschreibung. Zeichne passend dazu.**

Die Bananen stehen in der Mitte.
Zwei rote Äpfel liegen auf der linken Seite.
Drei Orangen sind zwischen den Bananen und den Äpfeln.
Weintrauben liegen vor den Orangen.
Ein Blumenstrauß steht hinter den Bananen.

S. 194 ◀ GR

Orientierung im Klassenzimmer

1 Die drei Kinder berichten, wie ihre Klassenzimmer aussehen.

a Was gefällt den Kindern besonders gut an ihren Klassenzimmern? Lies die Texte.

Ashley, 13 Jahre, aus Dresden

In unserem Klassenzimmer ist es sehr bunt, denn wir haben viele Pflanzen und auch Blumen. Die rote Blume mag ich am liebsten. Alle Schüler müssen sich natürlich um die Pflanzen kümmern, sonst vertrocknen sie. Vor allem mag ich aber unsere gelbe Wand. Die haben wir in den Ferien zusammen gestrichen. An den Wänden hängen auch viele Bilder und Plakate, die wir im Unterricht gemacht haben.

Ich gehe auf eine Montessorischule. Da ist alles ein bisschen anders als in anderen Schulen. Bei uns gibt es zum Beispiel keine Tafel. Der Lehrer bespricht die Aufgaben einfach so mit uns. Wenn wir über etwas sprechen, setzen wir uns auf den runden Teppich. Solche Teppiche gibt es in allen Räumen. Das ist sehr gemütlich! In meinem Klassenraum ist auch ein großes Regal. Wir brauchen für alle Schulfächer immer viele Sachen. Wenn ich mit meinen Aufgaben fertig bin, gehe ich zum Regal, lege die Sachen zurück und suche mir etwas anderes zum Arbeiten aus.

Leonie, 12 Jahre, aus Heidelberg

Mohamad, 14 Jahre, aus Hamburg

In unserer Klasse ist es ziemlich cool. Wir haben keine normalen Tafeln mehr, sondern Smartboards. Auf denen kann man zum Beispiel Videos anschauen. Wir haben auch zehn Laptops im Zimmer. In manchen Fächern dürfen wir unsere Aufgaben auf dem Laptop machen. Das gefällt mir richtig gut! Aber nicht alle Lehrer erlauben das. In der Ecke steht ein altes Sofa. Auf dem ruhen wir uns in der Pause aus. Das finde ich gut, weil unsere Stühle echt sehr unbequem sind.

b Lies die Texte noch einmal. Markiere die Nomen für die Gegenstände in den Klassenzimmern.

2 Singular oder Plural?

a Schreibe die Nomen für die Gegenstände aus den Texten der Kinder auf die passenden Linien. Ergänze jeweils die fehlende Form.

GR ▶ S. 194

	Singular		Plural
	die Pflanze		die Pflanzen
	______		______
	______		______
	______		______
	______		______
	______		______
	______		______
	______		______
	______		______
	______		______
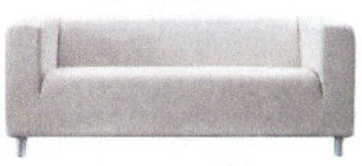	______		______
	______		______

b Was verändert sich im Plural? Markiere wie im Beispiel.

▶ **3 a Ordne die Nomen aus Aufgabe 2 in die Säcke ein. Jeder Sack steht für eine Pluralendung. Das sind nicht alle Endungen für den Plural im Deutschen, aber einige der häufigsten.**

Tipp:
Der Plural von Nomen steht auch im Wörterbuch:
Heft, das; -[e]s, -e

▶ **b Schau dir den Sack für die Pluralendung + e noch einmal genauer an. Zwei Nomen haben eine Besonderheit. Was ist hier anders? Schreibe die beiden Nomen in den neuen Sack und markiere die Besonderheit.**

Bei manchen Nomen ändert sich im Plural der Vokal. Das nennt man **Umlaut**:
der Schrank → die Schränke

4 **Finde für jeden Sack ein weiteres Nomen. Zeichne den Gegenstand und schreibe das Nomen zusammen mit dem Artikel im Singular und im Plural auf die Linien.**

	Singular	Plural

5 **Was gefällt dir besonders gut an deinem Klassenzimmer? Schreibe einen kleinen Text. Du kannst die Satzanfänge aus dem Kasten nutzen.**

Ich wünsche mir ...
In meinem Traumklassenzimmer haben die Schülerinnen und Schüler ...
In meinem Traumklassenzimmer ist/sind ...

S. 200–201 ◂ GR
S. 195

Das Klassenzimmer der 8a

1 a Lies die Sätze und schau dir den Kasten auf Seite 17 unten an.

b Markiere die Präpositionen.

Das Buch  liegt auf dem Tisch.

Die Lehrerin  steht vor der Tafel.

Die Schultasche  ist neben dem Tisch.

Das Heft  liegt in dem Regal.

Der Schüler  steht hinter dem Stuhl.

Das Buch  liegt zwischen zwei Tischen.

2 Was ist wo? Lies die Sätze noch einmal. Zeichne passend in das Bild.

3 Wo ist …? Beantworte die Fragen.

Auf die Frage „Wo?“ folgt der **Dativ**.

auf – der Tisch

Wo liegt das Buch?

Das Buch liegt auf dem Tisch.

in – die Klasse

Wo sitzen die Schüler?

____

neben – das Pult

Wo ist die Schultasche?

____

hinter – die Schultasche

Wo liegt das Mäppchen?

____

4 Spielt „Ich sehe was, was du nicht siehst“. Einer beschreibt, wo sich das Ding befindet. Der andere rät. Wechselt euch ab.

Ich sehe was, was du nicht siehst, und das liegt auf der Fensterbank.

Ist es die Topfblume?

Nein, es liegt neben der Topfblume.

Meinst du …?

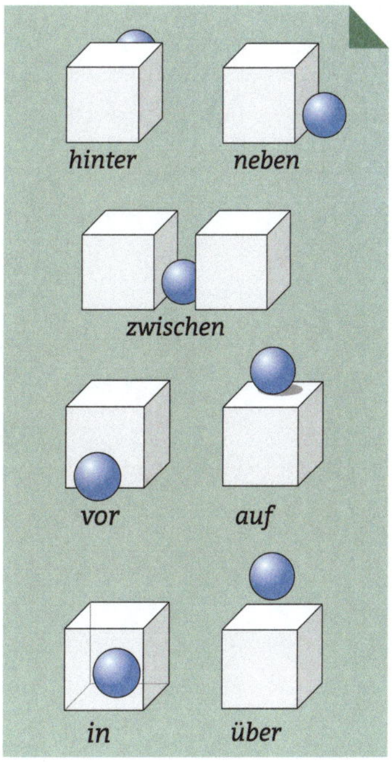

Schulsachen

Für den Schulstart braucht Aaron neue Schulsachen. Deshalb hat die Klassenlehrerin Aaron eine Materialliste gegeben. Mit dieser Liste geht Aaron in den Schreibwarenladen.

1 a Lies die Liste.

- sechs Schnellhefter
- acht Hefte (zwei karierte, sechs linierte)
- acht Hefthüllen
- ein Geodreieck
- vier Fineliner (rot, grün, blau, schwarz)
- drei Bleistifte
- ein Radiergummi
- einen Anspitzer
- eine Packung Buntstifte
- einen Malblock DIN A3
- einen Farbkasten
- ein Pinselset

Tipp:
Wenn du den Artikel nicht kennst, schlage ihn in einem Wörterbuch nach oder recherchiere im Internet!

b Schau dir die Produkte im Schreibwarenladen an. Auf welchem Bild ist was? Beschrifte die Schulsachen.

die Hefthülle

___

___

___

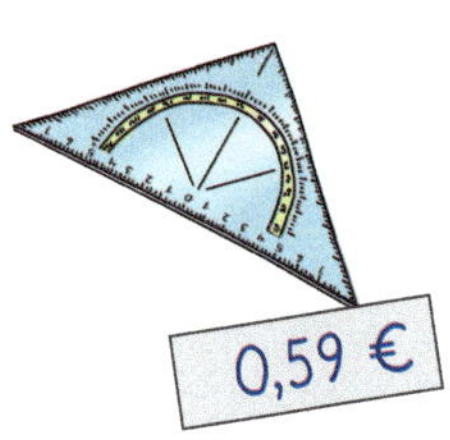

___

___

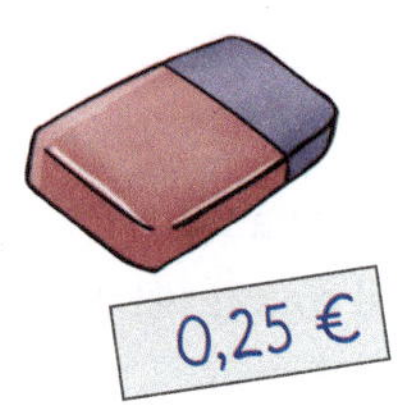

___

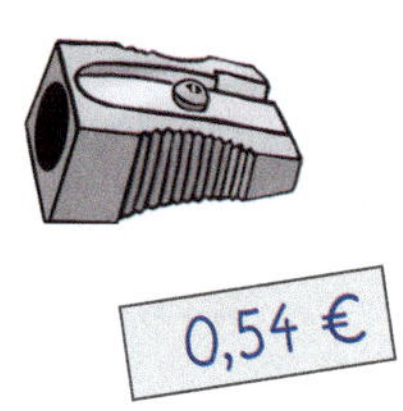

___

___

___

___

___

2 a Schreibe den Einzelpreis und die benötigte Menge in die Lücken.

b Berechne dann den Preis für die benötigte Menge.

- Ein Schnellhefter kostet 0,80 € .
  Aaron braucht 6 Schnellhefter.
  6 Schnellhefter kosten 4,80 € .
- Ein Heft kostet ________ .
  Aaron braucht ________ Hefte.
  ________ Hefte kosten ________ .
- Eine Hefthülle kostet ________ .
  Aaron braucht ________ Hefthüllen.
  ______ Hefthüllen kosten ______ .
- Ein Geodreieck kostet ________ .
  Aaron braucht nur ein Geodreieck.
- Ein Fineliner kostet ________ .
  Aaron braucht ________ Fineliner.
  ______ Fineliner kosten ________ .
- Ein Bleistift kostet ________ .
  Aaron braucht ________ Bleistifte.
  ______ Bleistifte kosten ________ .
- Ein Radiergummi kostet ________ .
  Aaron braucht nur ein Radiergummi.
- Ein Anspitzer kostet ________ .
  Aaron braucht nur einen Anspitzer.
- Eine Packung Buntstifte kostet ____ .
  Aaron braucht nur eine Packung Buntstifte.
- Ein Malblock kostet ________ .
  Aaron braucht nur einen Malblock.
- Ein Farbkasten kostet ________ .
  Aaron braucht nur einen Farbkasten.
- Ein Pinselset kostet ________ .
  Aaron braucht nur ein Pinselset.

c Was kostet alles zusammen? Berechne die Summe. Schreibe die Antwort auf.

  4, 80 € (Schnellhefter)
+ ________ (Hefte)
+ ________ (Hefthüllen)
+ ________ (Geodreieck)
+ ________ (Fineliner)
+ ________ (Bleistifte)
+ ________ (Radiergummi)
+ ________ (Anspitzer)
+ ________ (Buntstifte)
+ ________ (Malblock)
+ ________ (Farbkasten)
+ ________ (Pinselset)

________ €

Antwort: ______________________________

____

Aaron will alle Schulsachen kaufen, die er braucht. Er spricht eine Verkäuferin an.
Die Materialliste hilft ihm, an alles zu denken.

3 a Lies den Dialog.

Aaron:	Guten Tag.
Verkäuferin:	Guten Tag. Kann ich dir helfen?
Aaron:	Ja, ich suche Hefte. Ich brauche sechs Schnellhefter, acht Hefte und acht Hefthüllen.
Verkäuferin:	Schulhefte, Schnellhefter und Hefthüllen findest du dort im Regal auf der rechten Seite. Brauchst du sonst noch etwas?
Aaron:	Danke. Ja, ich brauche auch Fineliner und drei Bleistifte.
Verkäuferin:	Kein Problem, die sind gleich hier drüben. Wie viele Fineliner brauchst du denn?
Aaron:	Vier Stück! Einen roten, einen grünen, einen schwarzen und einen blauen Fineliner. Ehm ..., und ich suche auch Pinsel. Wo finde ich die?
Verkäuferin:	Pinsel sind bei mir an der Kasse.
...	

b Vergleiche Text und Materialliste: Was hat Aaron schon gefunden? Was muss er noch suchen? Kreuze an.

Materialliste	schon gefunden	noch nicht gefunden
6 Schnellhefter	X	
8 Hefte (2 kariert, 6 liniert)		
8 Hefthüllen		
1 Geodreieck		
4 Fineliner (rot, grün, blau, schwarz)		
3 Bleistifte		
1 Radiergummi		
1 Anspitzer		
1 Packung Buntstifte		
1 Malblock DIN A3		
1 Farbkasten		
1 Pinselset		

c **Wie geht es weiter? Ordne die Wörter und schreibe den Dialog fertig.**

1 Pinsel – wie viele – du – brauchst

Wie viele Pinsel brauchst du? ____________________

2 brauche – ich – ein Pinselset

____________________ .

3 im Angebot – das 4er-Set – ist

____________________ .

4 das – ich – nehme

____________________ .

5 haben – Malblöcke – Sie

____________________ ?

6 du – welche Größe – Ja. – willst

____________________ ?

7 einen – ich – Malblock DIN A3 – möchte

____________________ .

8 im Regal – liegen – sie – unten

____________________ .

Bildungswege

Das sind Lena, Ayşe, Fatou und Fatih. Sie kennen sich aus der Grundschule. Sie sind alle 12 Jahre alt und wohnen in Düsseldorf, aber sie gehen jetzt nicht mehr auf die gleiche Schule.

1 a Lies, was die vier Schüler über ihre Schulen erzählen.

b Markiere im Text:
- Welche Schulen besuchen sie?
- Was möchten sie später mal werden?
- Welchen Schulabschluss brauchen sie dafür?

Mein Name ist Fatou und ich gehe auf die Cusanus-Realschule. Ich bin in der 7c. Mein Lieblingsfach ist Englisch. Ich mag Sprachen, aber auf der Realschule lernen wir nur eine Fremdsprache. Das finde ich schade. Ich muss noch dreieinhalb Jahre zur Schule gehen. Nach der zehnten Klasse bin ich fertig mit der Schule und mache eine Ausbildung. Ich möchte gerne KFZ-Mechaniker werden. Dafür brauche ich den Realschulabschluss.

Hallo! Ich heiße Lena und gehe auf die Lessing-Hauptschule in die 7a. Am liebsten mag ich Biologie und Hauswirtschaft. In Hauswirtschaft kochen wir oft und lernen viele andere praktische Dinge. Nach der neunten Klasse bin ich endlich fertig mit der Schule. Das sind nur noch zweieinhalb Jahre. Dann möchte ich gerne Arzthelferin werden. Dafür reicht der Hauptschulabschluss.

Ich bin Ayşe und ich gehe in die 7b des Albrecht-Dürer-Gymnasiums. Ich möchte dort mein Abitur machen, weil ich studieren will. Mein Traumberuf ist Anwältin. Also muss ich noch fünfeinhalb Jahre zur Schule gehen. Erst dann kann ich an die Universität und Jura studieren. Ich liebe die Fächer Deutsch und Englisch.

Ich bin Fatih. Ich besuche die Gesamtschule. Ich bin in der 7e. Ich gehe gerne zur Schule, aber ich habe kein Lieblingsfach. Ich weiß auch noch nicht, ob ich schon nach der zehnten Klasse meinen Schulabschluss mache oder ob ich doch Abitur machen möchte. Ich weiß noch nicht, was ich später machen möchte. Deshalb besuche ich die Gesamtschule, denn hier kann ich mich später noch entscheiden, welchen Weg ich gehen möchte.

c Trage die Informationen in die Tabelle ein.

Name	Schule	Berufswunsch	benötigter Schulabschluss
	Cusanus- …		
Ayşe			
		weiß er noch nicht	

2 Das Schaubild zeigt dir, welche Schulen die Schüler nach der Grundschule besuchen können. Du siehst auch, welche Abschlüsse sie am Ende der Schulzeit machen können.

a Schau dir das Bild an.

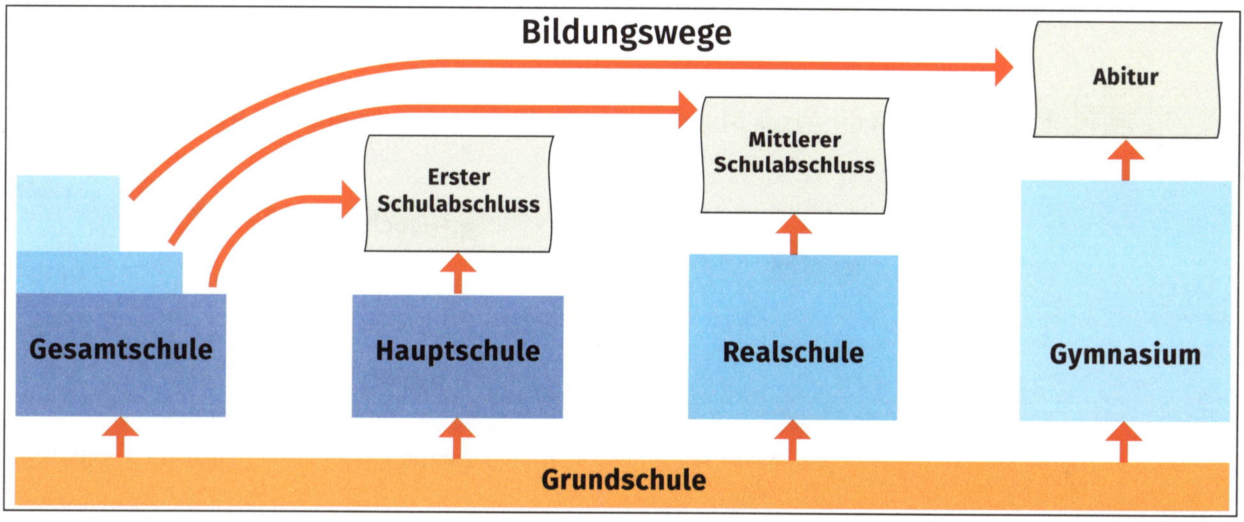

b Trage in die Tabelle ein: Welchen Abschluss kann man auf welcher Schule machen?

Hauptschule	Realschule	Gymnasium	Gesamtschule
Erster Schulabschluss			

3 a Und du? Beantworte die Fragen.

1) Was für eine Schule besuchst du? ______________________

2) Was ist dein Berufswunsch? ______________________

3) Welchen Schulabschluss brauchst du dafür? ______________________

b Sprecht in Gruppen über eure Berufswünsche.

Ayşes Stundenplan

▸ **1 Schau dir dir Grafiken an. Trage die Stunde auf dem Zifferblatt der Uhr ein.**

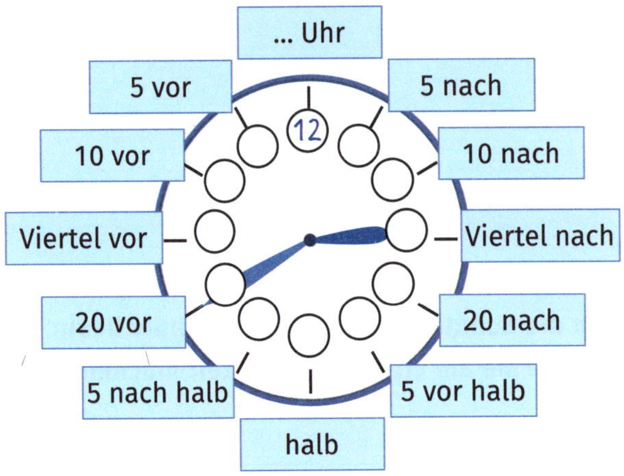

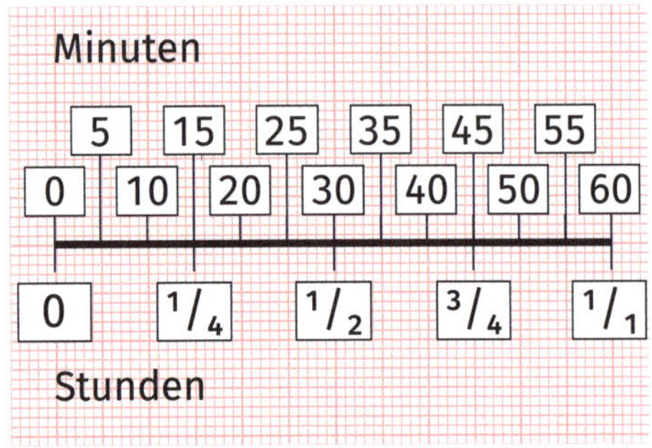

▸ **2 a Schau dir Ayşes Stundenplan an. Wann hat Ayşe welches Fach?**

	Zeit	Montag	Dienstag	Mittwoch	Donnerstag	Freitag
1.	8.00– 8.45	Englisch	Mathematik	Chemie	Deutsch	Geschichte
2.	8.45– 9.30			Deutsch		
	9.30– 9.50	**Pause**				
3.	9.50–10.35	Erdkunde	Französisch	Mathematik	Biologie	Klassenrat
4.	10.35–11.20				Chemie	Übungsstunde
	11.20–11.40	**Pause**				
5.	11.40–12.25	Deutsch	Ethik/Religion	Deutsch	Französisch	Mathematik
6.	12.25–13.10		Physik	Ethik/Religion	Physik	Englisch
	13.10–13.55	**Mittagspause**				
7.	13.55–13.40	Musik	Sport			Fußball-AG
8.	13.40–14.25					

b Lies die Fragen. Schreibe die Antworten auf.

1) Wann beginnt der Unterricht am Montag?

2) Welches Fach hat Ayşe am Dienstag nach der Mittagspause?

3) Wann endet Ayşes Unterricht am Freitag?

4) Wann hat Ayşe keine Schule?

5) Wie lange dauert ihre erste Pause?

c Lies die Fragen. Berechne. Schreibe die Antworten auf.

1) Wie lange dauert eine Unterrichtsstunde?

2) Wie lange dauert die erste Pause?

3) Wie lange dauert die Mittagspause?

d Ergänze die Lücken mit "um", "von ... bis" und "am". Das Post-It hilft dir.

Ayşes Schultag beginnt freitags __um__ 8.00 Uhr.

Am Dienstag ist sie _______ 8.00 Uhr _______ 14.25 Uhr in der Schule.

_______ Freitag hat Ayşe _______ 10.35 Uhr Übungsstunde.

Am Donnerstag hat Ayşe _______ 9.25 Uhr _______ 10.35 Uhr Biologie.

Ayşes Mittagspause endet _______ 13.55 Uhr.

Am Mittwoch hat Ayşe _______ 8.00 Uhr _______ 8.45 Uhr Chemie.

am Montag **um** 8.00 Uhr
von 13.10 Uhr **bis** 13.55 Uhr

3 Was steht bei dir am Montag um … Uhr auf dem Stundenplan? Lies die Uhr. Schreibe deine Antwort auf.

Beispiel: Um 8.00 Uhr habe ich Mathe.

	Um 8.00 Uhr …

4 Spiele mit deinem Partner / deiner Partnerin das Stundenplan-Quiz. Wechselt euch mit dem Raten ab. Nutzt die Redemittel aus dem Kasten.

am Montag – montags
am Dienstag – dienstags
am Mittwoch – mittwochs
am Donnerstag – donnerstags
am Freitag – freitags
am Samstag – samstags } am Wochenende
am Sonntag – sonntags

Welches Fach haben wir am Montag um 8.00 Uhr?

Am Montag um 8.00 Uhr haben wir …

Die erste große Pause.

Was ist täglich von 9.30 Uhr bis 10.00 Uhr?

Wann ist freitags Schulschluss?

Freitags ist um halb 2 Schulschluss.

Deutsch haben wir montags, dienstags und am Freitag.

An welchen Tagen haben wir Deutsch?

Lernstrategien

Beim Deutschlernen muss Nihad sehr viele Vokabeln lernen. Manchmal weiß er nicht, wie er sich alles merken soll. Er fragt seine Mitschüler, ob sie Tipps für ihn haben.

Nihad: Könnt ihr mir helfen? Ich möchte gerne Deutsch lernen, aber ich kann mir die Vokabeln nicht merken. Was soll ich tun? Wie lernt ihr Vokabeln?

1 a Lies die Antworten und schau dir die Bilder an.
Welcher Lerntipp passt zu welcher Abbildung? Ordne zu.

Ludvig: Ich schreibe die Vokabeln in meiner Sprache und auf Deutsch in mein Heft. Dann schreibe ich einen Satz mit dem neuen Wort.

Birhat: Ich sortiere Wörter in Gruppen. Manchmal überlege ich mir ein Thema und schreibe alle Wörter auf, die mir dazu einfallen.

Mohammed: Ich schreibe die Vokabeln auf Karteikarten. Die Karteikarten nehme ich immer mit. So kann ich überall lernen.

Pit: Ich male schwierige Vokabeln auf. Mit den Bildern kann ich mir die Vokabeln besser merken.

Jakub: Ich kann mir Vokabeln gut merken, wenn ich mich beim Lernen im Raum bewege.

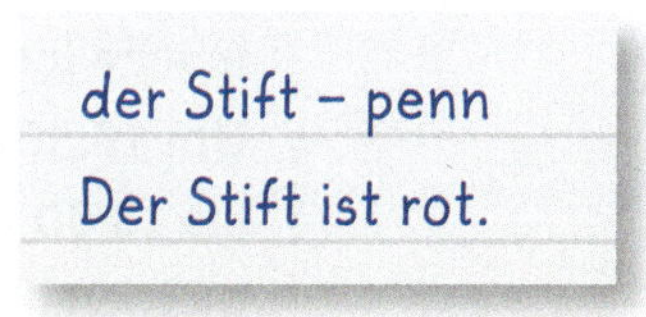

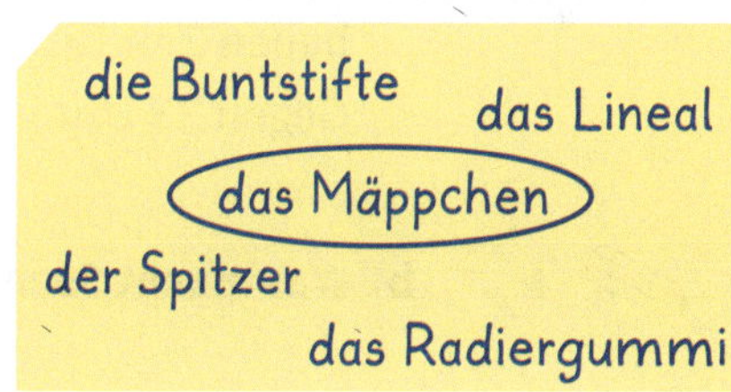

b Welche Ideen findest du gut? Markiere.

c Wie lernst du Vokabeln? Schreibe auf.

____

____

d Berichte in der Klasse.

Sven Wohldorfs Tag

Der Musiker Sven Wohldorf besucht die Kastelbergschule in Bonn. Die Schülerinnen und Schüler haben Fragen für das Gespräch mit dem Musiker vorbereitet. Die Klasse 7b möchte wissen, wie sein Tag aussieht:

1 a Lies, was Sven Wohldorf erzählt.

„Mein Tag beginnt um 6.30 Uhr, dann stehe ich auf. Zuerst trinke ich einen Kaffee, dann wecke ich um 6.55 Uhr meine Tochter Lena. Danach dusche ich schnell und ziehe mich an. Um 7.15 Uhr frühstücken wir zusammen. Um 7.40 Uhr bringe ich Lena mit dem Auto zur Schule. Danach fahre ich weiter zu meiner Produktionsfirma. Um 8.30 Uhr beginne ich meine Arbeit. Von 12.30 bis 13.30 Uhr mache ich eine Mittagspause. Dann gehe ich mit Kollegen und Freunden essen. Um 16.30 Uhr beende ich meine Arbeit. Um mich fit zu halten, gehe ich danach bis 18.30 Uhr in ein Fitnessstudio. Von 19.00 bis 20.00 Uhr spiele ich noch mit meinen beiden Kindern. Dann gehen sie ins Bett und meine Freundin und ich haben Zeit für das Abendessen. Danach ruhen wir uns aus, lesen oder sehen fern. Gegen 23 Uhr gehen Maya und ich schlafen."

b Was macht Sven Wohldorf um ... Uhr? Schreibe in Stichworten auf.

c Wie sieht Sven Wohldorfs Tag aus? Schreibe die Antworten auf.

1) Wann steht Sven Wohldorf auf?
2) Was macht er zuerst?
3) Was macht er danach?
4) Wann frühstückt er?
5) Wie lange dauert sein Frühstück?
6) Wann fährt er seine Tochter in die Schule?
7) Wie lange dauert sein Arbeitstag?
8) Wann macht Sven Wohldorf Pause?
9) Wie viel Zeit hat er am Abend für seine Kinder?
10) Wann hat Sven Wohldorf Zeit für das Abendessen mit seiner Freundin?

1) Sven Wohldorf steht um halb 7 auf.

2 a Wie sieht dein Tagesablauf aus? Trage in die Tabelle ein.

Uhrzeit	Was machst du?
	Ich stehe auf.

b Beschreibe deinen Tagesablauf. Verwende die Adverbien im Kasten.

morgens
vormittags
mittags
nachmittags
abends
nachts

Morgens um ______ Uhr stehe ich auf.

______

______

______

______

______

______

______

______

3 a Wähle einen Prominenten aus deinem Land.
Recherchiere im Internet, welchen Tagesablauf er hat.

b Beschreibe den Tagesablauf wie in Aufgabe 2b.
Verwende zusätzlich die Adverbien im Kasten.

zuerst
dann
danach

Mein Prominenter ist ______.

______ steht morgens um ______ Uhr auf.

Zuerst ...

______

______

______

______

______

______

Begrüßung in den verschiedenen Regionen

1 So grüßt man in deutschsprachigen Regionen, wenn man nachmittags ein Geschäft betritt.

a Schau dir die Karte an und lies die Begrüßungen.

b Wie würdest du grüßen? Markiere die passende Sprechblase.

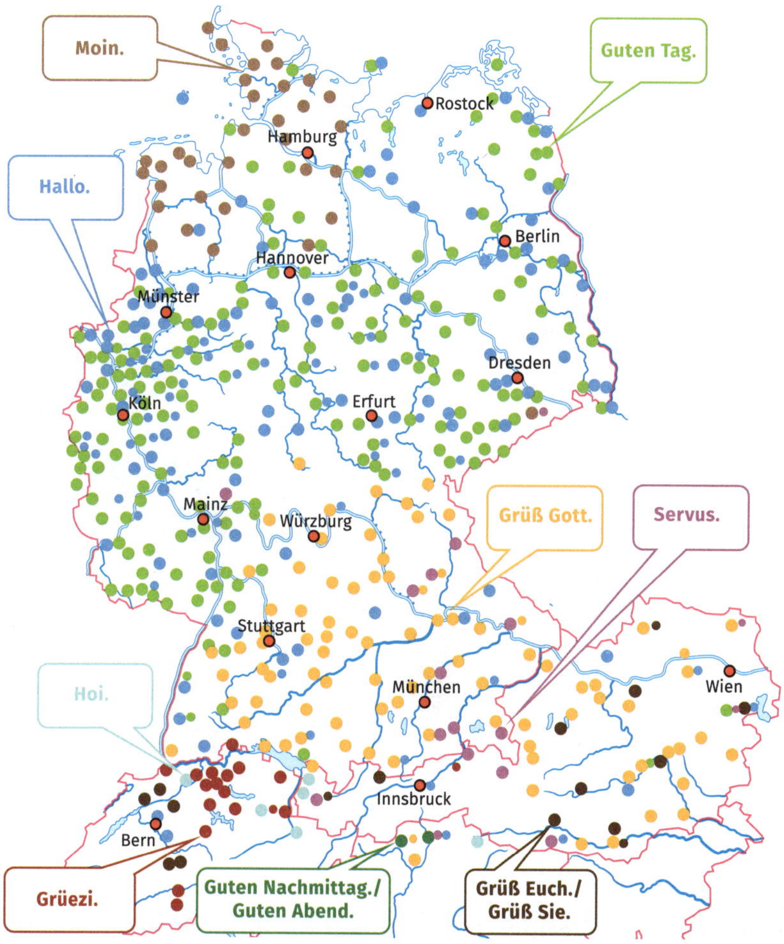

c Wo grüßt man so? Kreuze die richtigen Antworten an.

„Moin."	○ in Hamburg und Schleswig-Holstein	○ in Sachsen (Dresden)
„Servus."	○ in Berlin und Brandenburg	○ in Bayern (München)
„Guten Tag."	○ in Niedersachsen (Hannover)	○ in Baden-Württemberg (Stuttgart)

2 Was sagst du zur Begrüßung und zum Abschied? Schreibe auf.

Tageszeit	Begrüßung	Abschied
morgens		
mittags		
abends		

Schulwege

Die Schülerinnen und Schüler der Klasse 7b unterhalten sich über ihre Schulwege.

1 a Lies die Sprechblasen.

b Berechne, wie lange die Schülerinnen und Schüler für ihren Schulweg brauchen.

c Trage deine Ergebnisse in die richtigen Lücken ein.

Antonio braucht ______________________ Minuten für seinen Schulweg.

Mariam braucht ______________________ Stunde für ihren Schulweg.

Taner braucht ______________________ für seinen Schulweg.

Selenay braucht ______________________ für ihren Schulweg.

Armin braucht ______________________ für seinen Schulweg.

2 a Wie lange brauchst du für deinen Schulweg? Schreibe auf.

____

____

b Wer braucht wie lange? Sprecht darüber in der Gruppe.

Endlich Schulschluss! Fünf Schülerinnen und Schüler unterhalten sich.

3 a Lies die Sprechblasen.

Saladdin: Meistens nehme ich den Bus um 14.55 Uhr und bin dann 25 Minuten unterwegs.

Rosil: Ich muss einmal umsteigen. Von der Schule bis nach Hause brauche ich insgesamt eine ¾ Stunde.

Faatima: Zu Fuß brauche ich etwa 25 Minuten.

Eda: Mit dem Bus brauche ich 25 Minuten. Er fährt um 14.42 Uhr an der Schulbus-haltestelle ab.

Mehry: Wenn ich mich beeile, dann bin ich in einer Viertel Stunde zu Hause.

b Berechne, wann die Schülerinnen und Schüler zu Hause sind.

c Trage deine Ergebnisse in die richtigen Lücken ein.

Mehry ist um ______________________ zu Hause.

Faatima ist ______________________ zu Hause.

Saladdin ist ______________________ zu Hause.

Rosil ist ______________________ zu Hause.

Eda ist ______________________ zu Hause.

4 Wann bist du zu Hause? Schreibe auf.

____

____

Unterwegs in Berlin

Anastasia und Tim sind in Berlin und möchten sich das Reichstagsgebäude ansehen. Sie sind am Roten Rathaus und fragen nach dem Weg.

1 a Lies die Wegbeschreibung und ergänze die Lücken.

entlang Folgt Danke!
geradeaus davor Zuerst linken
Entschuldigen erste biegt

Tim: ____________________ Sie? Könnten Sie uns erklären, wie wir zum Reichstag kommen?

Frau: Natürlich. ____________________ geht ihr die Spandauer Straße ____________________ bis zur Karl-Liebknechtstraße. Dort ____________________ ihr links ab. Geht weiter ____________________. Wenn ihr über die Brücke kommt, heißt die Straße Unter den Linden. ____________________ der Straße fast bis zum Pariser Platz. Kurz ____________________ biegt ihr rechts in die Luisenstraße. Danach biegt ihr in die ____________________ Straße auf der ____________________ Seite, die Scheidemannstraße, ein. Von dort aus könnt ihr das Reichstagsgebäude schon sehen.

Anastasia und Tim: ____________________!

b Markiere den Startpunkt und das Ziel auf der Karte. Zeichne dann den Weg ein.

c **Welchen Weg können die beiden noch vom Roten Rathaus zum Reichstagsgebäude nehmen? Beschreibe.**

____

____

____

____

____

____

____

____

Wege beschreiben

- rechts abbiegen
- links abbiegen
- geradeaus gehen/ die Straße entlang gehen
- die Straße überqueren

d **Prüfe deine Wegbeschreibung. Lies sie einem Partner vor. Der Partner zeichnet den Weg auf der Karte ein. Kommt er zum Ziel?**
Wenn es nicht klappt, markiert im Text, wo das Problem ist.
Sucht nach einer passenderen Beschreibung.

S. 188–189 ◂ GR
S. 203

Wir brauchen Regeln

Schon vor hundert Jahren gab es in der Schule Regeln. Die Schüler mussten die Regeln kennen.

1 a Schau dir das Bild an. Was siehst du?

b Beschreibt: Was fällt euch auf?

2 a Lies die alten Schulregeln.

Schulregeln vor hundert Jahren

Alle Schüler kennen die Regeln und müssen sie anwenden. Die Schüler müssen gerade sitzen. Sie sollen ihre Bücher nur herausnehmen oder weglegen, wenn der Lehrer das Kommando gibt. Sie müssen aufstehen, wenn sie etwas sagen. Sie müssen sich melden und den Finger der rechten Hand hochheben. Im Unterricht müssen sie still sein. Sie sollen immer nach vorne zum Lehrer gucken. Wenn sie antworten, sollen sie ihm ins Gesicht sehen.

b Markiere die Modalverben im Text:

- gelb: „sollen"
- rot: „müssen"

c Markiere die Verben im Infinitiv, die dazugehören, in derselben Farbe.

d Was bedeuten die alten Schulregeln? Ordne die Regeln den Bildern zu.

1) Alle Schüler müssen gerade sitzen.

2) Jeder Schüler muss seine Hände auf den Tisch legen.

3) Die Schüler sollen immer nach vorne zum Lehrer schauen.

4) Im Unterricht müssen die Schüler still sein.

5) Die Schüler müssen sich mit dem Finger der rechten Hand melden.

6) Die Schüler müssen aufstehen, wenn sie etwas sagen.

7) Die Schüler sollen den Lehrer anschauen, wenn sie reden.

8) Sie sollen ihre Bücher nur herausnehmen oder weglegen, wenn der Lehrer das Kommando gibt.

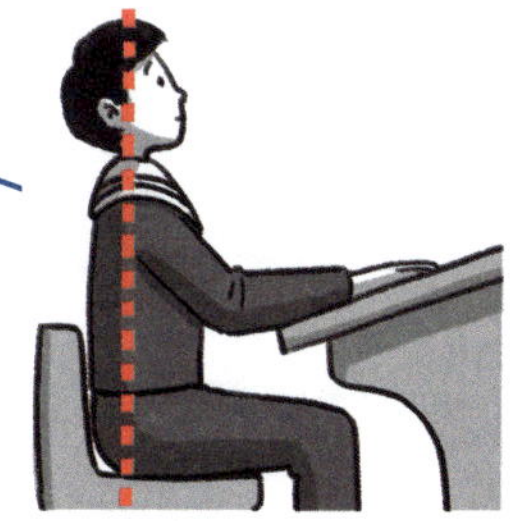

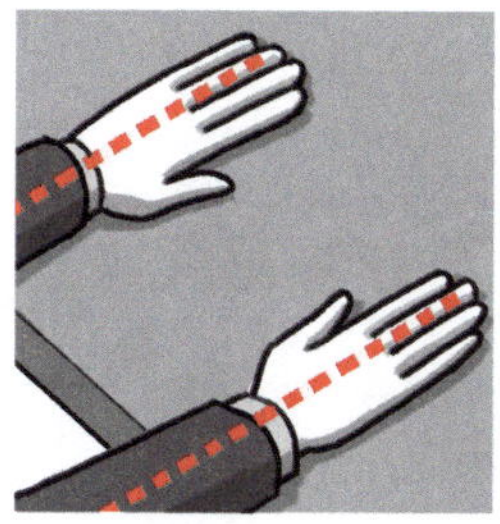

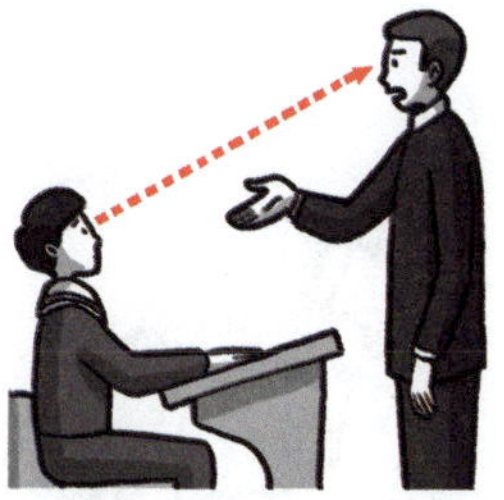

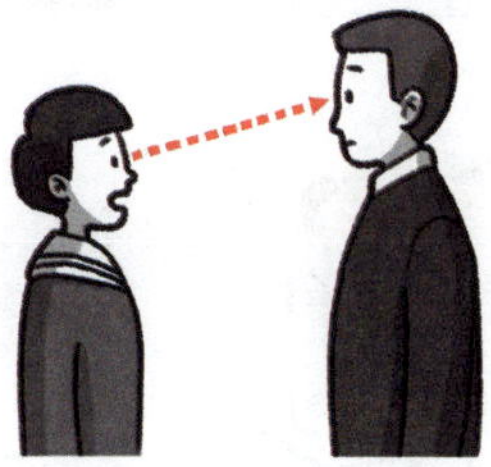

e Markiere in den Regeln die Modalverben und die Verben im Infinitiv, die dazugehören.

f Trage die markierten Verben in die Tabelle ein.

müssen	sollen
müssen anwenden	

3 Heute haben wir andere Regeln.

a Schau dir die aktuellen Schulregeln an. Die Sätze sind durcheinander geraten. Bilde korrekte Sätze und schreibe sie auf. Achte auf die Stellung des Verbs.

b Markiere die Verben in deinen Sätzen farbig.

1. die Tafel sollen die Schüler wischen
2. nicht dürfen im Unterricht die Schüler essen
3. zuhören die Schüler sollen besser
4. müssen die Schüler zum Unterricht kommen pünktlich
5. machen die Klasse die Schüler sauber müssen
6. den Müll in den Mülleimer sollen die Schüler werfen
7. benutzen ihre Handys nicht dürfen die Schüler
8. im Unterricht Musik nicht dürfen die Schüler hören

1) Die Schüler sollen die Tafel wischen.

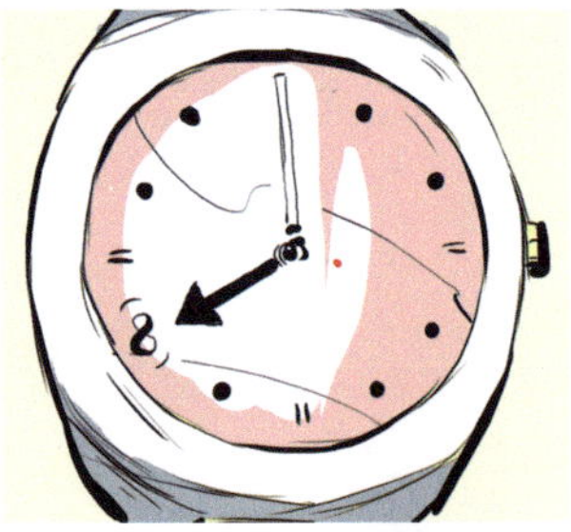

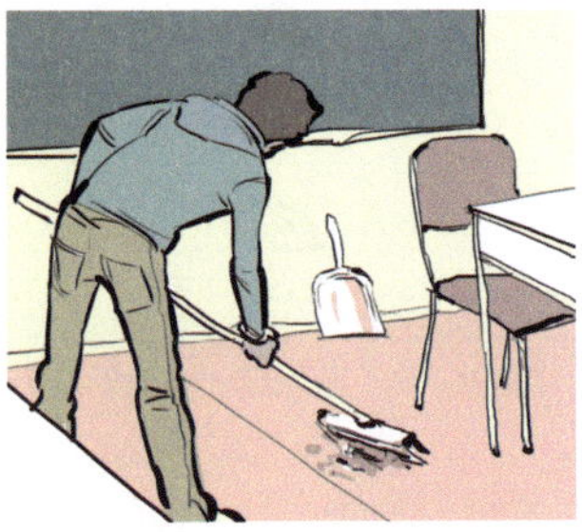

4 Welche Regeln gelten an Finns Schule? Ergänze die Lücken. Setze ein: „sollen“, „müssen“ oder „dürfen“. Achte auf die Personenform.

GR ▸ S. 189

Die Schüler ______________________________ im Unterricht nicht dazwischen reden. (sollen)

„Ihr ______________________________ aufpassen, wenn ich etwas erkläre“, ruft Herr Henzel. (müssen)

„Ich ______________________________ nicht mit dem Stuhl wackeln“, denkt Sahria. (dürfen)

Wir ______________________________ freundlich und respektvoll zu den Mitschülern und Lehrern sein. (müssen)

Herr Meier ruft auf dem Schulhof: „Marc, du ______________________________ den Müll nicht auf den Boden werfen!“ (sollen)

Die Schüler ______________________________ nicht in die Klasse rufen. (dürfen)

Die Schülerinnen ______________________________ das Handy während des Unterrichts nicht benutzen. (sollen)

„Mischa, du ______________________________ heute den Ordnungsdient machen“, sagt Frau Willmer. (müssen)

Die Lehrerin ruft: „Ihr ______________________________ besser zuhören!“ (müssen)

„Ihr ______________________________ während der Einzelarbeit nicht mit dem Sitznachbarn sprechen“, erklärt Frau Kleis. (sollen)

5 Lies diese Klassenregeln. Was ist anders? Berichte in der Klasse

WIR

- **respektieren einander.**
- **strengen uns an.**
- **sind ein Team.**
- **lernen aus Fehlern.**
- **sind kreativ.**
- **feiern unsere Erfolge gemeinsam.**

Besondere Schulen in Deutschland

Die Klasse 8 a der Kastelbergschule plant eine Klassenfahrt nach Schleswig-Holstein. Sie möchte ihre Partnerschule in Flensburg besuchen.

▸ **1 Schaut euch die Bilder an. Was seht ihr? Was ist das Besondere an dieser Schule?**

Flensburg (Schleswig-Holstein)

Fridtjof

▸ **2 a Jeder Schüler hat einen Partner, dem er schreibt, damit die Schüler sich vor dem Austausch schon kennenlernen. Nadjas Partner ist Fritjof. Er hat Nadja eine E-Mail geschrieben. Lies die E-Mail. Was schreibt Friedtjof über seine Schule?**

Hey Nadja,

danke für deine E-Mail. Du willst wissen, was das Besondere an meiner Schule ist? Meine Schule ist eine dänische Schule.

Hier in Schleswig-Holstein leben nämlich viele Menschen, die gleichzeitig Dänen und Deutsche sind. Ungefähr 60.000 Menschen gehören zu einer Minderheit von Deutschen, die die dänische Sprache und auch dänische Traditionen behalten haben. Für sie gibt es hier dänische Kindergärten und Schulen.

An der Gustav-Johannsen-Skolen sprechen wir im Unterricht Deutsch und Dänisch. Wir lernen beide Sprachen. Jede Woche haben wir 4 Stunden Deutsch und 4 Stunden Dänisch. Englisch lernen wir dann ab der 5. Klasse, aber wir haben auch Biologie, Mathematik und Geografie. Mein Lieblingsfach ist Dänisch.

Meine Schule besuchen insgesamt 388 Schüler. Wir sprechen unsere Lehrer mit ihrem Vornamen an, denn in der dänischen Sprache duzen wir uns. Unsere Klassenlehrer sprechen Deutsch und Dänisch. Andere Lehrer sprechen nur eine Sprache. Ich besuche die 8. Klasse der Gemeinschaftsschule. In meiner Klasse sind 25 Schüler. Der Unterricht beginnt um 7.50 Uhr und endet um 13.15 Uhr. Donnerstags haben wir alle bis 14.15 Uhr Unterricht. Einige Schüler bleiben bis 15.30 Uhr in der Schule, weil sie hier ihre Hausaufgaben in der Schulbetreuung machen. Nach der Schule fahre ich direkt mit dem Schulbus nach Hause.

So, hast du nun alle Informationen, die du brauchst? Ich freue mich schon auf euren Besuch!

Viele Grüße Fridtjof

b 60.000 Menschen gehören zu dänischen Minderheit. Kreuze die richtigen Aussagen über sie an.

- ☐ Sie sind gleichzeitig deutsch und dänisch.
- ☐ Sie leben in Dänemark und in Deutschland.
- ☐ Ihre Kinder gehen in dänische Kindergärten und Schulen.
- ☐ 100 000 Menschen gehören zur dänischen Minderheit.
- ☐ Sie pflegen in Deutschland dänische Traditionen.

c Lies die Fragen. Markiere in Fritjofs E-Mail die gesuchten Informationen.

d Schreibe die Antworten auf.

1) Warum besucht Fridtjof eine dänische Schule?

Seine Familie gehört zur dänischen Minderheit in Deutschland.

2) Wie viele Stunden in der Woche hat Fridtjof Deutschunterricht?

___

3) Wie viele Stunden in der Woche hat Fridtjof Dänischunterricht?

___

4) Welche Sprache lernt er noch?

___

5) Welche Klasse besucht Fridtjof?

___

6) Wie viele Lehrerinnen und Lehrer gibt es an seiner Schule?

___

7) Wie reden die Schüler ihre Lehrer an?

___

8) Wie viele Schülerinnen und Schüler sind in Fridtjofs Klasse?

___

9) Was ist Fridtjofs Lieblingsfach?

___

10) Geht Fridtjof gern zu dänischen Schule?

___

3 Präsentation: Stelle die Gustav-Johannsen Skolen in deiner Klasse vor. Du kannst auch Bilder zeigen.

Meine besondere Schule ist eine dänische Schule in Deutschland. Sie ist im nördlichsten Bundesland Schleswig-Holstein, in der Stadt Flensburg. ...

Themenfeld Schuluniform

Auf den Seiten 48 und 49 im Kursbuch findet ihr Seiten aus einem Deutschbuch zum Thema „Schuluniformen". Die folgenden Übungen helfen euch dabei, diese Schulbuchseiten noch besser zu verstehen und einfacher bearbeiten zu können.

1 Ordne die Bezeichnungen aus dem Kasten den Kleidungsstücken zu.

die Kniestrümpfe (Pl.) **die** Hose **das** Hemd **die** Stiefel (Pl.) **der** Schal **das** Tuch
die Turnschuhe (Pl.) **die** Jacke **die** Turnhose **der** Blazer **die** Schuhe (Pl.)
die ~~Krawatte~~ **die** Bluse **das** T-Shirt **das** Sweatshirt **der** Pullover
die Schleife **die** Stoffhose **der** Mantel **die** Socken (Pl.) **die** Ballerinas (Pl.) **die** Jeans

2 a Schau dir die Bilder an und lies die Texte.

b Welches Bild gehört zu welchem Text? Ordne zu.

①	②	③	④	⑤
e)				

a) Die Mädchen aus Japan tragen einen Rock, eine weiße Bluse, eine blaue Schleife und weiße oder blaue Kniestrümpfe.

b) Die Schüler aus Indien tragen dunkelblaue Pullover. Die Mädchen tragen einen graublauen Trägerrock und graue Strumpfhosen, die Jungen graublaue Hosen.

c) Die Mädchen und Jungen aus Großbritannien tragen dunkelblaue Blazer mit hellblauer Bluse oder hellblauem Hemd. Die Mädchen tragen karierte kurze Röcke, die Jungen dunkelblaue Hosen und gestreifte Krawatten.

d) Die Mädchen und Jungen aus dem Guatemala tragen weiße Blusen zu einem schwarzen Rock oder einer schwarzen Hose. Ihre Haare tragen sie zurückgebunden.

e) Die Schüler aus einer Hamburger Schule tragen als Schuluniform sportliche Kleidung. Sie tragen hellblaue T- Shirts, dunkelblaue Sporthosen und Sportjacken oder Sweatshirts mit weißem Kragen.

Argumentieren

▸ **1 a Schau dir das Placemat der Klasse 6a an. Lies die Meinungen.**

▸ **b Entscheide: Welche Meinung ist für Schuluniformen (pro), welche dagegen (kontra)? Markiere sie farbig: pro grün und kontra rot.**

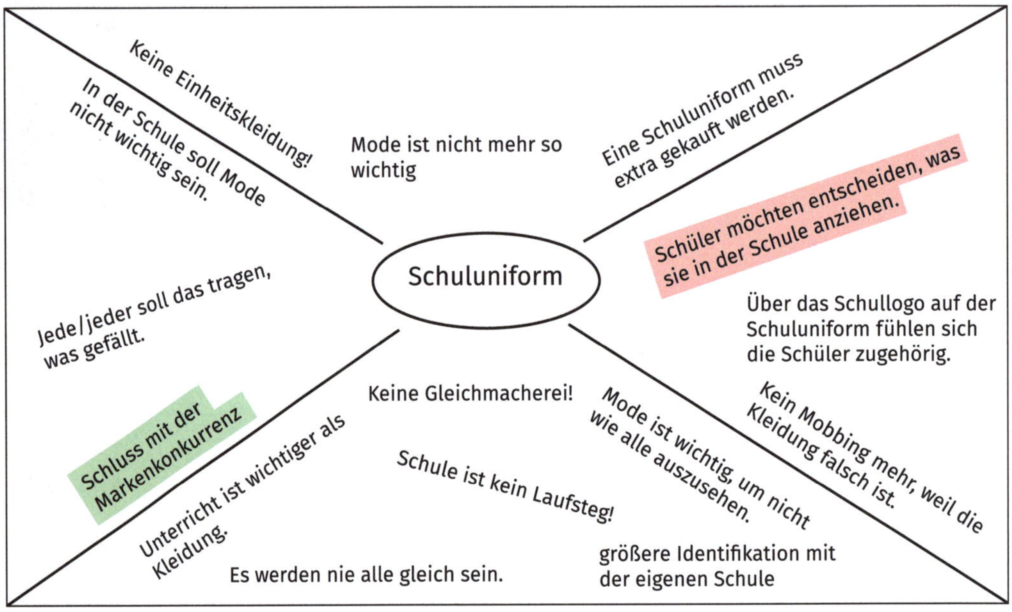

c Trage die Argumente in die Tabelle ein.

pro	kontra
Schluss mit der Markenkonkurrenz	Die Schüler möchten entscheiden, was sie in der Schule anziehen.

d **Welche Argumente auf dem Placemat überzeugen dich am meisten? Schreibe sie auf.**

____

____

____

e **Bist du für oder gegen eine Schuluniform? Schreibe deine Meinung auf und begründe sie. Verwende die Argumente und die Redemittel aus dem Kasten.**

Schuluniform: Ja oder nein?

Ich bin ______________ Schuluniformen, weil …

____

____

____

____

____

____

____

____

Ich finde gut, wenn …
Ich finde, …
Ich finde nicht gut, dass …
Ich meine, dass …
Ich denke, …
Ich glaube, …
weil
denn
aber

3 Deutschland entdecken

Bülent Ceylan: Biografie

1 a Bülent Ceylan ist ein beliebter Komiker.
Lies den Text über Bülent Ceylan. Markiere Schlüsselwörter.
Benutze, wenn nötig, ein Wörterbuch.

Bülent Ceylan

Bülent Ceylan (* 4. Januar 1976 in Mannheim) ist ein deutscher Komiker und Kabarettist. Bülent Ceylans Mutter ist Deutsche, sein Vater ist Türke. Er hat drei ältere Geschwister.

Ceylan besucht in Mannheim die Friedrich-Ebert-Grundschule und das Ludwig-Frank-Gymnasium. Im Jahr 1995 macht er das Abitur. Dann macht er beim TV-Sender VIVA und beim Radiosender RPR1 ein Praktikum. Dort lernt er den Comedy-Autor Roland Junghans kennen. Im Jahr 1998 schreibt Junghans für Bülent das erste Programm. Es heißt „Produzier' mich net!“. Dieses Programm spielt er auf kleinen Bühnen.

Ab 1998 studiert Bülent Ceylan Philosophie und Politikwissenschaft, aber er gibt das Studium wieder auf. Im Jahr 1999 gibt es das neue Programm „Nou Mässitsch!“ und Bülent nimmt an Wettbewerben teil. Im November 2002 startet das erfolgreiche Programm „Döner for one“. Mit diesem Programm wird Ceylan in der ganzen Bundesrepublik bekannt.

Am 8. Oktober 2005 hat das Programm „Halb getürkt“ Premiere. Im Juli 2006 wird es im Fernsehen (ZDF) gezeigt. 2007 folgt dann die Show „Kebabbel net“. Auch dieses Programm läuft im Fernsehen. Daraufhin erhält Bülent Ceylan im Oktober 2009 den Deutschen Comedypreis in der Sparte Newcomer. Im Mai 2010 bekommt er den CIVIS-Medienpreis für Integration. Im Jahr 2010 bekommt er auch den Deutschen Comedypreis in der Sparte bester Comedian. 2011 startet das erfolgreiche Programm „Wilde Kreatürken“, das im Sommer 2012 auch im Fernsehen gezeigt wird.

Bülent Ceylan tritt auch als Schauspieler im Fernsehen auf. Am 19. Februar 2011 bekommt Bülent Ceylan seine eigene Show im RTL-Fernsehen.

In seinen Programmen spielt Ceylan verschiedene Rollen. Er macht Witze über die Marotten von Deutsch-Türken und Mannheimern. Er thematisiert die Stereotype, die Deutsche über Türken haben, und die Vorurteile, die Türken über Deutsche haben. Gern zeigt Bülent Ceylan, welche Absurditäten es im Kontakt zwischen Türken und Deutschen geben kann. Das ist oft sehr komisch.

b Ergänze die Tabelle.

Jahr	Ereignis
1976	Geboren in Mannheim
1995	
1998	a) b)

Jahr	Ereignis
1999	
2002	
2005	
2007	
2009	
2010	a) b)
2011	a) b)
2012	

c **Fasse wichtige Informationen zu Bülent Ceylan zusammen.**
Gehe auf folgende Punkte ein:

1) Wie viele Programme hat Bülent Ceylan zwischen 1998 und 2012 erarbeitet?

___

2) Woran sieht man, dass Bülent Ceylan Erfolg hat?

___

3) Welche Preise hat er gewonnen?

___

4) Welche Themen behandelt er in seinen Shows?

___

d **Berichte in der Klasse.**

So kannst du beginnen:

Bülent Ceylan ist, wie wir wissen, ein deutscher Komiker. Im Jahr 1998 hatte er seine erste Show. Sie heißt ....
Von 1998 bis 2012 hat er ... Shows produziert.

Nutze diese Redemittel:

Er war schnell erfolgreich. Zuerst ...
Dann ...
Danach ...
Im Februar 2011 ...
Bülent Ceylan hat auch einige Preise gewonnen.
Im Jahr ...
Seine Shows haben einige zentrale Themen: ...

Berühmte Personen

▸ **1 a Schau dir die Bilder an. Kennst du eine oder mehrere Personen? Welchen Beruf haben sie? Tausche dich mit deinem Partner/deiner Partnerin aus.**

Dirk Nowitzki

Angela Merkel

Carolin Kebekus

Mezut Özil

Sibel Kekilli

Andreas Burani

Joachim Löw

Heidi Klum

▸ **b Ordne die Beschreibungen den passenden Personen zu. Schreibe in dein Heft.**

eine bedeu~~tende~~ Politikerin — ein bekannter Fußballspieler — ein erfolgreiches deutsches Model — eine berühmte deutsche Schauspielerin — ein beliebter Sänger — ein berühmter Basketballspieler — ein erfolgreicher Trainer — eine bekannte deutsche Komikerin

Beispiel: Angela Merkel ist eine bedeutende Politikerin.
Mezut Özil ist …

▸ **2 Zu welcher Person aus Aufgabe 1 passen die folgenden Informationen? Trage die Namen ein.**

____

Geboren am 15. Oktober 1988 in Gelsenkirchen; ledig

1995–2000	verschiedene Vereine in Gelsenkirchen
2000–2005	Rot-Weiß Essen
2005–2008	FC Schalke 04
2006	Deutscher Juniorenmeister
2007	erster Einsatz in der Bundesliga
2008	erster Einsatz in der Champions League
2008–2010	Werder Bremen
2010–2013	Real Madrid
seit 2013	FC Arsenal
2014	Weltmeister in Brasilien

Name: ____________________

Geburtsdatum: 9. Mai 1980

Geburtsort: Bergisch Gladbach

Größe: 1,64 m

Beruf: Komikerin, Sängerin, Synchronsprecherin, Schauspielerin

Erster Film: Vollidiot (2007)

aktuelle Sendung: Pussy Terror TV im WDR (seit 2015)

aktuelles Programm: Alpha Pussy

Preise: u. a. vier Mal Deutscher Comedypreis

3 a Lies den Text und schau dir das Bild an. Worum geht es?

Angela Merkel (geb. Kasner) ist 1954 in Hamburg geboren. Sie geht in Templin zur Schule und macht 1973 Abitur. Von 1973 bis 1978 studiert sie Physik an der Universität Leipzig. Nach dem Studium arbeitet sie als Forscherin an der Akademie der Wissenschaften in Berlin und macht 1986 ihren Doktor in Physik. 1989 wird sie Politikerin. 1990 tritt sie in die Partei CDU (Christlich Demokratische Union) ein und macht schnell Karriere. Von 1991 bis 1994 arbeitet sie als Ministerin für Frauen und Jugend, danach als Umweltministerin. 2000 wird sie Vorsitzende ihrer Partei, der CDU. Seit 2005 ist sie Bundeskanzlerin der Bundesrepublik Deutschland. Bei der Bundestagswahl 2017 kandidiert sie wieder.

b Markiere alle Jahreszahlen im Text. Notiere anschließend, was in diesem Jahr passiert ist.

1954: Angela Merkel ist 1954 in Hamburg geboren.

1973: ______

1973–1978: ______

1986: ______

1989: ______

1990: ______

1991–1994: ______

1994–1998: ______

2000: ______

2005: ______

2017: ______

c Stelle Fragen an den Text und beantworte sie. Nutze das Perfekt.

Frage	Antwort
Wann und wo ist Angela Merkel geboren?	

seit wann?
von wann bis wann?
wann? was?
wo?

d Verdecke nun die Spalte „Antwort“ und tausche das Arbeitsheft mit deinem Partner / deiner Partnerin. Beantworte seine/ihre Fragen.

4 Berichte der Klasse von einer berühmten Person aus deinem Herkunftsland.

a Notiere wichtige Informationen.

Name: ______

Warum berühmt? ______

Wann und wo geboren?: ______

Schule und Ausbildung: ______

Beruf: ______

Karriere (z.B. Preise, ...): ______

Familie: ______

Hobbys: ______

Was ist noch interessant: ______

b Gestalte ein Plakat zu der Person und stelle es vor.

- Klebe Bilder der Person auf das Plakat.
- Schreibe alle Informationen (Name, Alter, Beruf,...) auf.
- Präsentiere dein Ergebnis der Klasse. Nutze die Redemittel.

... ist ein berühmter/eine berühmte ...
Er/sie ist am ... in ... geboren.
Er/sie ist in ... zur Schule gegangen
Er/sie ist ... von Beruf.
Ihre/seine Eltern ...
Er/sie hat ... Kinder/hat keine Kinder.
Ihre/seine Hobbys sind ...

5 Ein Spiel: „Wer bin ich"
Ihr habt nun viele berühmte Personen kennen gelernt. Spielt das Spiel „Wer bin ich" mit diesen Personen.

Anleitung:

1. Jeder bekommt ein Post-It. Schreibe den Namen einer der berühmten Personen auf das Post-It.
2. Klebe das Post-It auf die Stirn eines anderen Schülers/einer anderen Schülerin. Er/sie darf den Namen nicht sehen.
3. Findet heraus, welche Person ihr seid. Stellt dazu Fragen, die man mit ja oder nein beantworten kann. Zum Beispiel:
   - Bin ich eine Frau?
   - Bin ich eine Schauspielerin?
   - Bin ich jünger als 20?
   - ...
4. Wenn du genug Informationen hast, kannst du raten, wer du bist. Zum Beispiel: „Bin ich Bastian Schweinsteiger?"
5. Wer zuerst weiß, wer er ist, gewinnt das Spiel.

Termine im Schulkalender

1 a Schau dir den Terminkalender von Davids Schule an. Was ist wann?

1.12.	11.12.	21.12.	31.12. Silvester	10.1.	20.1.
2.12.	12.12.	22.12. Beginn Weihnachtsferien	1.1.	11.1.	21.1.
3.12.	13.12. Winterball	23.12.	2.1.	12.1.	22.1.
4.12.	14.12.	24.12. Heiligabend	3.1.	13.1.	23.1.
5.12.	15.12.	25.12.	4.1. Ende Weihnachtsferien	14.1.	24.1.
6.12. Nikolausfrühstück	16.12.	26.12.	5.1.	15.1. Elternsprechtag	25.1.
7.12.	17.12.	27.12.	6.1. Neujahrskonzert	16.1.	26.1.
8.12.	18.12.	28.12.	7.1.	17.1.	27.1.
9.12.	19.12. Weihnachtsfeier	29.12.	8.1.	18.1.	28.1.
10.12.	20.12.	30.12.	9.1.	19.1.	29.1. Zeugnisse

b David erzählt seinen Eltern von den Terminen im Dezember und im Januar. Ergänze seinen Bericht.

Im Dezember und im Januar ist bei uns viel los!
Zuerst ist am sechsten Zwölften das Nikolausfrühstück. Am dreizehnten Zwölften ist dann der Winterball. Darauf freue ich mich schon! Am neunzehnten Zwölften

____

____

____

____

____

c Berichte in der Klasse.

In Davids Schule ist im Dezember und im Januar viel los. Am sechsten Zwölften ...

In Berlin

Die Freundinnen Mona und Laura haben zwei Karten für die Bülent Ceylan Show „Kronk" beim Radiosender gewonnen. Sie sind am Hauptbahnhof in Berlin angekommen und suchen eine Reisemöglichkeit zum Tempodrom.

1 a Schau dir den Ausschnitt aus google.maps an.
Finde das Tempodrom und den Hauptbahnhof auf der Karte. Markiere die Orte.
Welcher Bahnhof befindet sich in der Nähe des Tempodroms? Markiere ihn.

b Was siehst du noch? Kreuze an.

	ja	nein
Fluss	☐	☐
Meer	☐	☐
Park	☐	☐
Flughafen	☐	☐
S-Bahnstation	☐	☐
U-Bahnstation	☐	☐
Bahnhof	☐	☐
Einkaufszentrum	☐	☐
Denkmal	☐	☐
Museum	☐	☐
Krankenhaus	☐	☐

c Was bedeuten die Abkürzungen? Verbinde.

Hbf.	Bahnhof
Bf./Bhf.	RegionalExpress
S-Bahn	Intercity-Express
U-Bahn	Stadtschnellbahn
RB	Intercity
RE	Untergrundbahn
IC	Hauptbahnhof
ICE	RegionalBahn

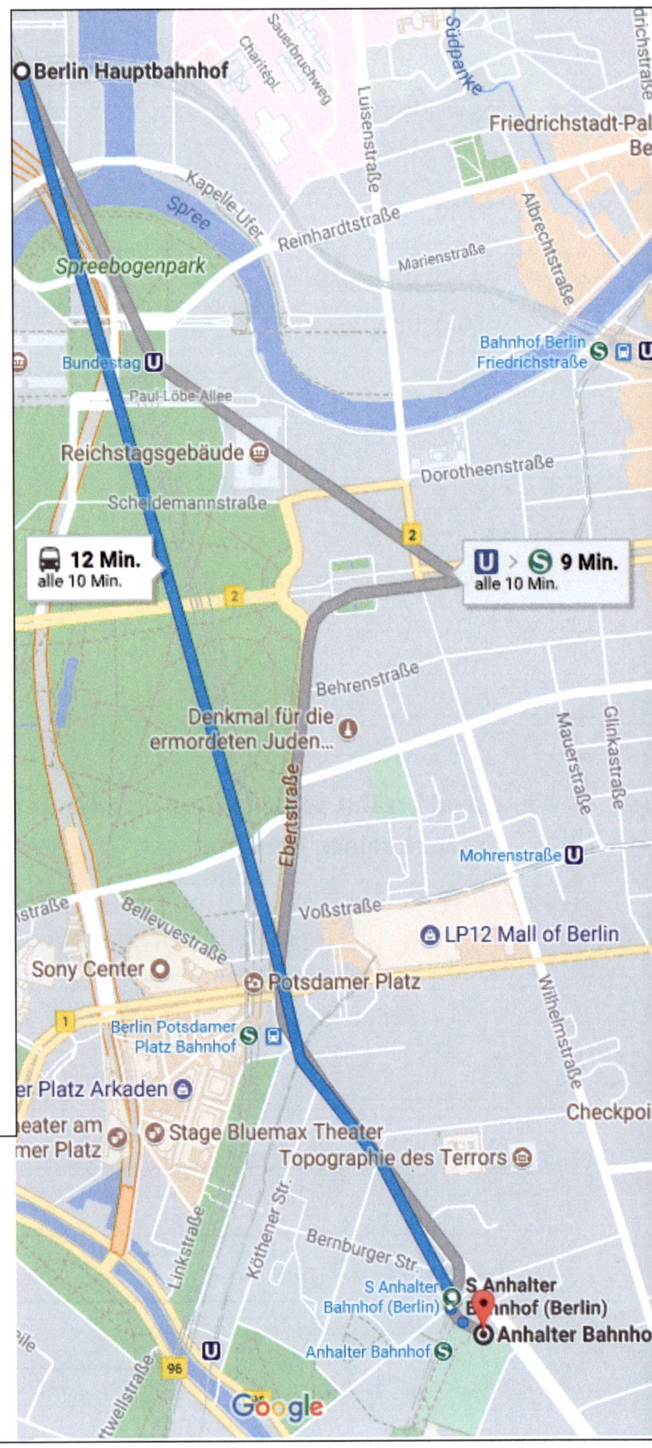

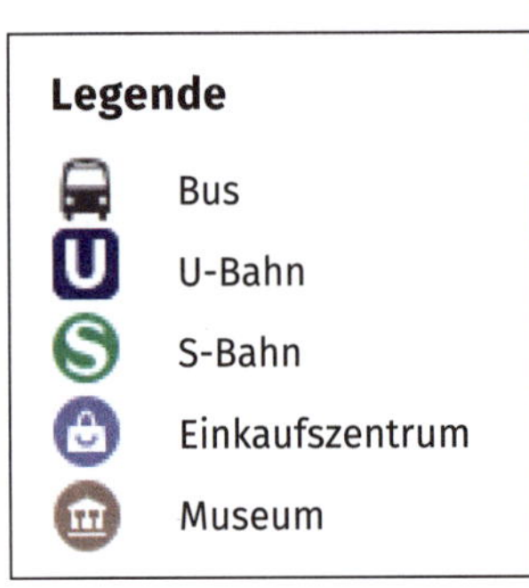

2 Laura hat verschiedene Reisemöglichkeiten mit google.maps gefunden. Lies den Dialog und ergänze die Antworten.

- ○ Laura, wie kommt man am besten zum Tempodrom?
- • Wir haben zwei Möglichkeiten.
- ○ Welche denn?
- • Man kann mit dem ___________ fahren, oder mit U-Bahn und ___________________.
- ○ Wie lange dauert die Fahrt mit dem Bus?
- • Die Fahrt dauert ______________ Minuten.
- ○ Und wie oft fährt der Bus vom Hauptbahnhof zum Anhalter Bahnhof?
- • Alle ______________ Minuten.
- ○ Und wie lange dauert die Fahrt mit den anderen Verkehrsmitteln?
- • ____

  ____.
- ○ Und wie oft fahren diese Verkehrsmittel?
- • ____

  ____.

3 Laura und Mona möchten mit dem Bus fahren, damit sie nicht umsteigen müssen. Schau dir den Busfahrplan an und beantworte die Fragen.

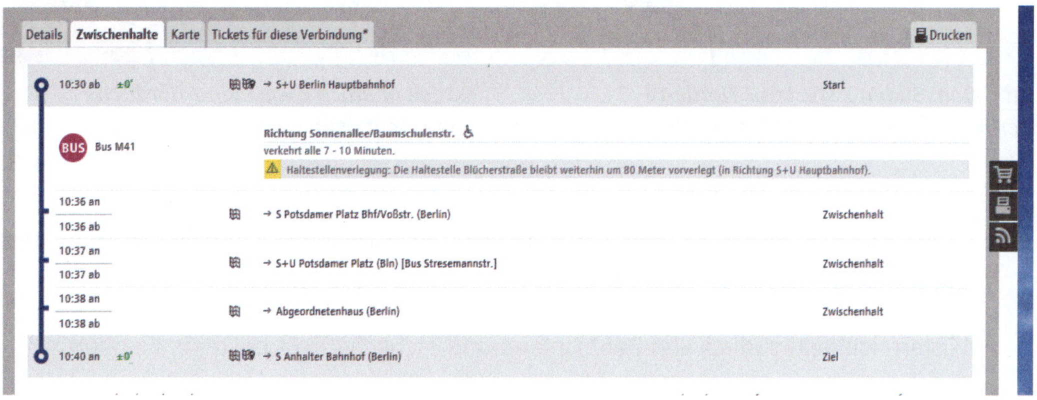

Details | Zwischenhalte | Karte | Tickets für diese Verbindung* | Drucken

10:30 ab ±0'		→ S+U Berlin Hauptbahnhof	Start
	Bus M41	Richtung Sonnenallee/Baumschulenstr. verkehrt alle 7 - 10 Minuten. Haltestellenverlegung: Die Haltestelle Blücherstraße bleibt weiterhin um 80 Meter vorverlegt (in Richtung S+U Hauptbahnhof).	
10:36 an 10:36 ab		→ S Potsdamer Platz Bhf/Voßstr. (Berlin)	Zwischenhalt
10:37 an 10:37 ab		→ S+U Potsdamer Platz (Bln) [Bus Stresemannstr.]	Zwischenhalt
10:38 an 10:38 ab		→ Abgeordnetenhaus (Berlin)	Zwischenhalt
10:40 an ±0'		→ S Anhalter Bahnhof (Berlin)	Ziel

1) Mit welchem Bus müssen sie fahren? ______________________________

2) In welche Richtung fährt der Bus? ______________________________

3) Wie oft fährt der Bus? ______________________________

4) Wie viele Zwischenhalte gibt es bis zum Anhalter Bahnhof? Welche? ______________

____

Deutschland und seine Nachbarländer

Die Schülerinnen und Schüler der Klasse 6b bereiten Referate vor. Farid möchte die Republik Österreich vorstellen.

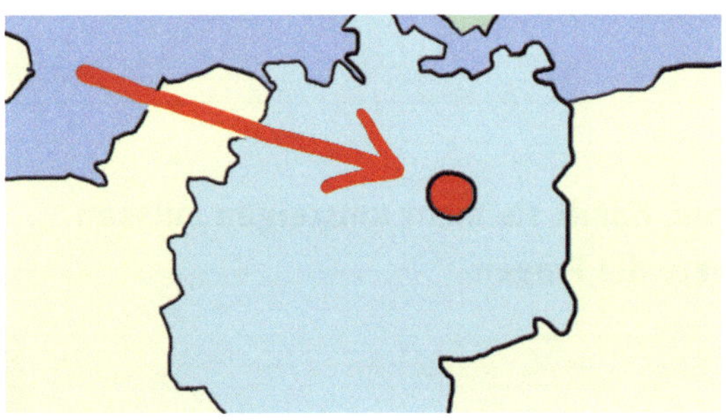

im Osten (Süden / Westen / Norden):
Berlin liegt im Osten von Deutschland.

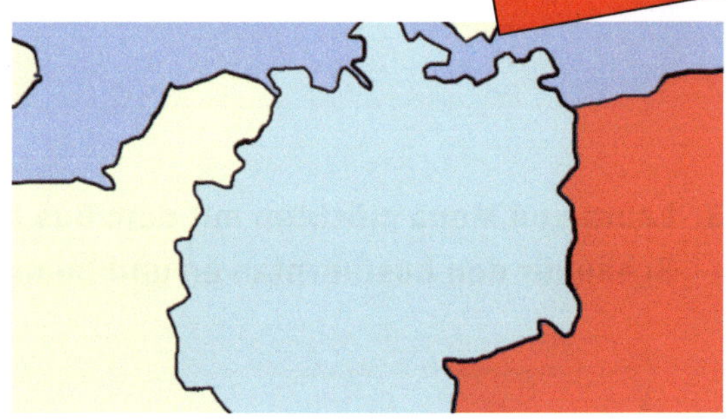

östlich (südlich / westlich / nördlich):
Polen liegt östlich von Deutschland.

1 a Zuerst schaut Farid sich die Karte an und beschreibt die Lage Österreichs und seiner Bundesländer. Lies den Text und ergänze die Lücken.

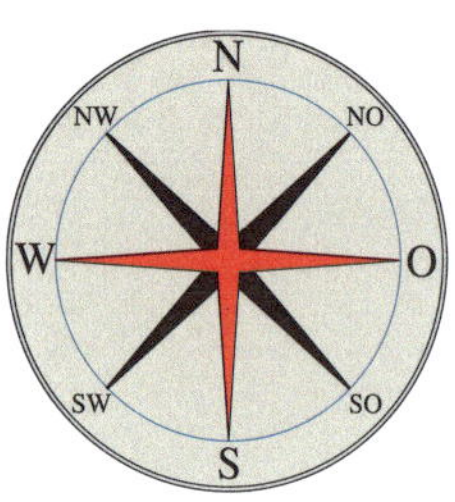

Österreich liegt südlich von Deutschland und Tschechien. Es besteht aus neun Bundesländern. Ganz im Westen von Österreich liegt das Bundesland Vorarlberg. ______________ von Vorarlberg befindet sich Tirol. Im ______________ von Österreich liegt Kärnten. Im ______________ liegt das Burgenland. Im ______________ liegen Oberösterreich und Niederösterreich. Im ______________ von Niederösterreich liegt die Hauptstadt Wien. ______________ von Kärnten sind Salzburg und die Steiermark.

b Farid hat auch eine Tabelle mit Informationen zu Österreich erstellt. Ergänze die Informationen in Farids Tabelle. Die Karte links hilft dir.

Bundesland	Landeshauptstadt	Fläche in km^2	Einwohner
	St. Pölten	19.186	1.653.419
	Graz	16.401	1.231.865
Tirol		12.640	739.002
	Linz	11.980	1.453.733
Kärnten		9.538	560.300
	Salzburg	7.156	545.742
		3.962	291.023
	Bregenz	2.601	388.711
Wien		414	1.840.573

2 a Vergleiche die Bundesländer Salzburg und Kärnten. Ergänze den passenden Komparativ. Schau dir dazu die Karte und die Tabelle noch einmal an.

Komparativ:

X > y X ist größ**er** als y

x < Y x ist klein**er** als Y

X > y X hat **mehr** ... als y

x < Y x hat **weniger** ... als Y

GR ▶S. 198–199

Salzburg ist __________ __________ Kärnten.

Kärnten hat ______________ Einwohner

______________ Salzburg.

b Vergleiche Tirol mit Wien und Niederösterreich mit Vorarlberg.

____

____

____

____

____

3 Welches Bundesland ist am größten/am kleinsten? Welches hat die meisten/die wenigsten Einwohner? Ergänze den passenden Superlativ. Schau dir dazu die Karte auf Seite 54 und die Tabelle auf Seite 55 noch einmal an.

Superlativ:

am größten ↔ am kleinsten

die meisten ↔ die wenigsten

Niederösterreich ist ______________________. ____________

ist ______________________. Wien hat ________________ Einwohner.

________________ hat __________ Einwohner.

4 Farid hat auch einen Info-Text über Österreich geschrieben. Lies seinen Text und ergänze die passenden Adjektive.

groß größer größte klein kleiner kleinste

Österreich ist 83.879 Quadratkilometer ________________. Es besteht aus 9 Bundesländern. Das ________________ Bundesland, Wien, besteht nur aus der Stadt und seiner Umgebung. Die Bundesländer Vorarlberg und Burgenland sind auch klein. Die sechs anderen Bundesländer sind etwas ____________. Die ____________ Stadt Österreichs ist die Bundeshauptstadt Wien mit 1,8 Millionen Einwohnern. Die anderen Landeshauptstädte sind viel ____________: Graz hat nur 280.000 Einwohner, Linz hat 200.000 Einwohner.

5 Länderraten

a Schau dir die Tabelle an. Schreibe mithilfe der Informationen einen Text über ein Nachbarland von Deutschland. Verrate den Namen des Landes nicht. Deine Mitschüler müssen raten.

	Lage zu Deutschland	Größe in km²	Einwohnerzahl	Verwaltungsgebiete	Hauptstadt
Österreich	südlich	83.871	8.700.000	9 Bundesländer	Wien
die Niederlande	westlich	37.354	17.000.000	12 Provinzen	Amsterdam
Belgien	westlich	30.528	11.267.000	10 Provinzen	Brüssel
Dänemark	nördlich	43.094	5.707.000	5 Regionen + 2 Außengebiete	Kopenhagen
Die Tschechische Republik	östlich	78.867	10.553.000	14 Regionen	Prag
Frankreich	westlich	551.500	66.991.000	18 Regionen	Paris
Luxemburg	westlich	2.586	576.000	12 Kantone	Luxemburg
die Schweiz	südlich	41.277	8.392.000	26 Kantone	Bern
Polen	östlich	312.685	38.562.000	16 Woiwodschaften	Warschau

Tipp:
Deutschland und Österreich bestehen aus Bundesländern. Andere Länder haben andere Verwaltungsgebiete (Provinzen, Regionen oder Kantone). Die Tabelle hilft dir!

- Das Land liegt nördlich/östlich/südlich/westlich von Deutschland.
- Es hat eine Fläche von ... Quadratkilometern/ist ... Quadratkilometer groß.
- Es hat ... Einwohner.
- Es besteht aus ... Verwaltungsgebieten. Sie heißen ...
- Die Hauptstadt ist ...

b Lies deinen Text der Klasse vor. Die anderen müssen den Namen des Landes erraten.

Deutschland hat neun Nachbarländer. Luxemburg ist eins davon.

6 a Schau dir die Karte und die Fotos an. Sie zeigen das Großherzogtum Luxemburg und seine Nachbarländer. Was fällt dir auf? Mache dir Notizen.

____

____

b Lies den Text über Luxemburg. Vergleiche deine Notizen mit den Informationen im Text.

Das Großherzogtum Luxemburg, man sagt auch einfach Luxemburg, ist ein sehr kleines Land. Es hat eine Fläche von 2.600 km². Das heißt, Luxemburg ist etwa gleich groß wie das Bundesland Saarland. Luxemburg hat 563.000 Einwohner. 110.500 davon leben in der Hauptstadt Luxemburg. Obwohl Luxemburg so klein ist, hat es drei Landessprachen: Letzebuergisch, Französisch und Deutsch. Das liegt auch daran, dass Frankreich im Süden an Luxemburg grenzt. Deutschland grenzt im Osten an Luxemburg. Im Norden liegt Belgien. Dort wird in einigen Landesteilen auch Französisch gesprochen. In Belgien entspringt der längste Fluss in Luxemburg. Er heißt Sauer und fließt weiter nach Deutschland. Autos aus Luxemburg erkennt man am internationalen Autokennzeichen L. Die Landeswährung ist der Euro.

7 a Lies den Text noch einmal und ergänze den Ländersteckbrief.

Ländersteckbrief Luxemburg	
Das Land heißt:	Großherzogtum Luxemburg
Nachbarländer:	
Hauptstadt:	
Fläche:	
Einwohnerzahl:	
Landessprache(n):	
Internationales Autokennzeichen:	
Landeswährung/Geld:	
Längster Fluss:	
Höchster Berg:	

b Berichte in der Klasse.

Die deutschen Bundesländer

Schau dir die Tabelle im Kursbuch auf Seite 60 noch einmal an.
Die Informationen aus einer Tabelle kann man auch grafisch gestalten. So kann man die Informationen schneller lesen. Man nennt diese Grafiken **Diagramme**.

▶ **1 Schau dir das Diagramm an. Welche Informationen aus der Tabelle auf Seite 60 im Kursbuch zeigt es? Kreuze an.**

Das Diagramm zeigt ...
- ☐ ... welches die Hauptstädte der Bundesländer sind.
- ☐ ... wie groß die Bundesländer sind.
- ☐ ... wie viele Menschen in den Bundesländern leben.

Es gibt verschiedene Arten von Diagrammen: Säulendiagramme, Balkendiagramme und Kreisdiagramme.

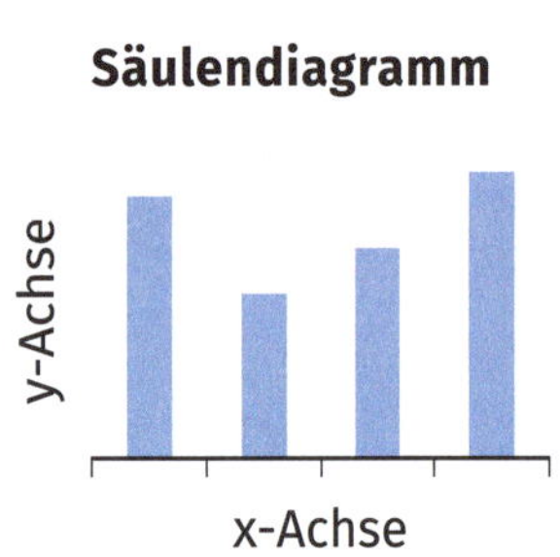

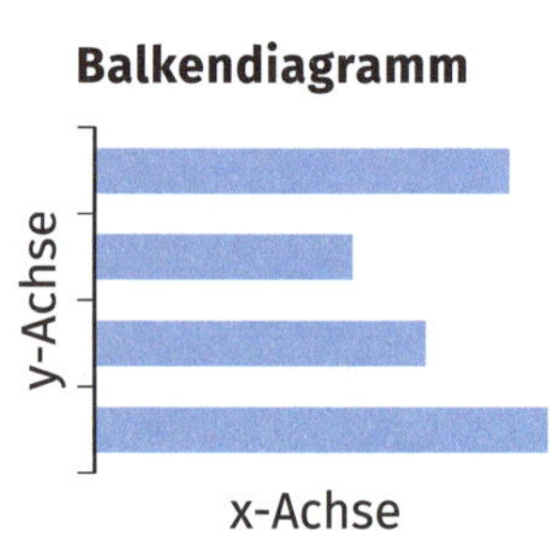

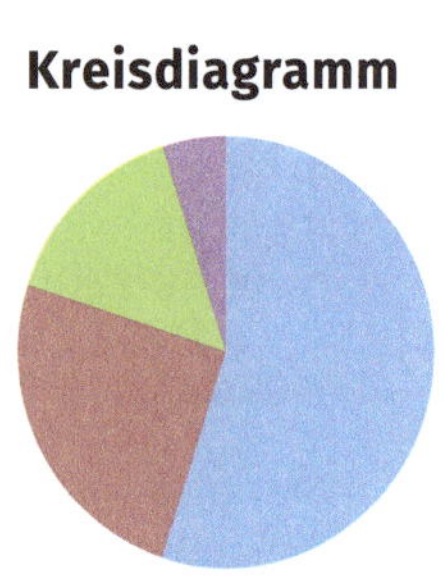

▶ **2 Welche Art von Diagramm ist das Diagramm aus Aufgabe 1?**

___

3 Erstelle nun ein Säulendiagramm zur Einwohnerzahl der Bundesländer. Gehe in diesen Schritten vor.

Schritt 1: Schau dir die Tabelle im Kursbuch auf S. 56 noch einmal an. Sie ist alphabetisch geordnet. Ordne die Bundesländer nun nach der Einwohnerzahl.
Beginne mit dem Bundesland mit den meisten Einwohnern.

1. Nordrhein-Westfalen: 17,86 Millionen	9.
2.	10
3.	11.
4.	12.
5.	13.
6.	14.
7.	15.
8.	16.

Schritt 2: Erstelle jetzt mithilfe der Informationen in der Tabelle das Diagramm.
Beschrifte zuerst das Diagramm mit den Wörtern aus dem Kasten. Zeichne dann die Säulen.
Ordne sie nach der Einwohnerzahl. Beschrifte die Säulen.

Einwohnerzahl (in Millionen) Quelle Bundesländer Deutsche Bundesländer nach Einwohnern (2015)

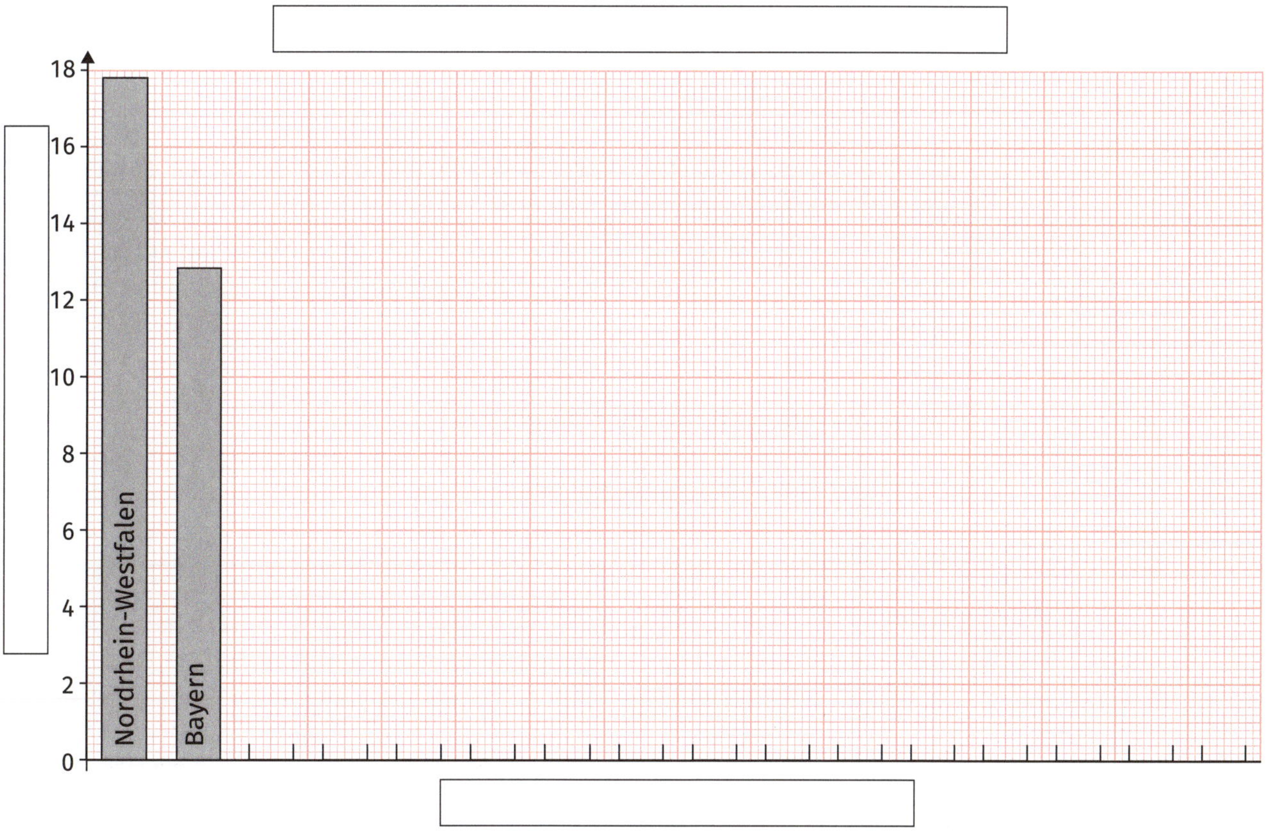

: Statistisches Bundesamt

4 a Schau dir das Diagramm zur Fläche der Bundesländer noch einmal an und lies die Beschreibung.

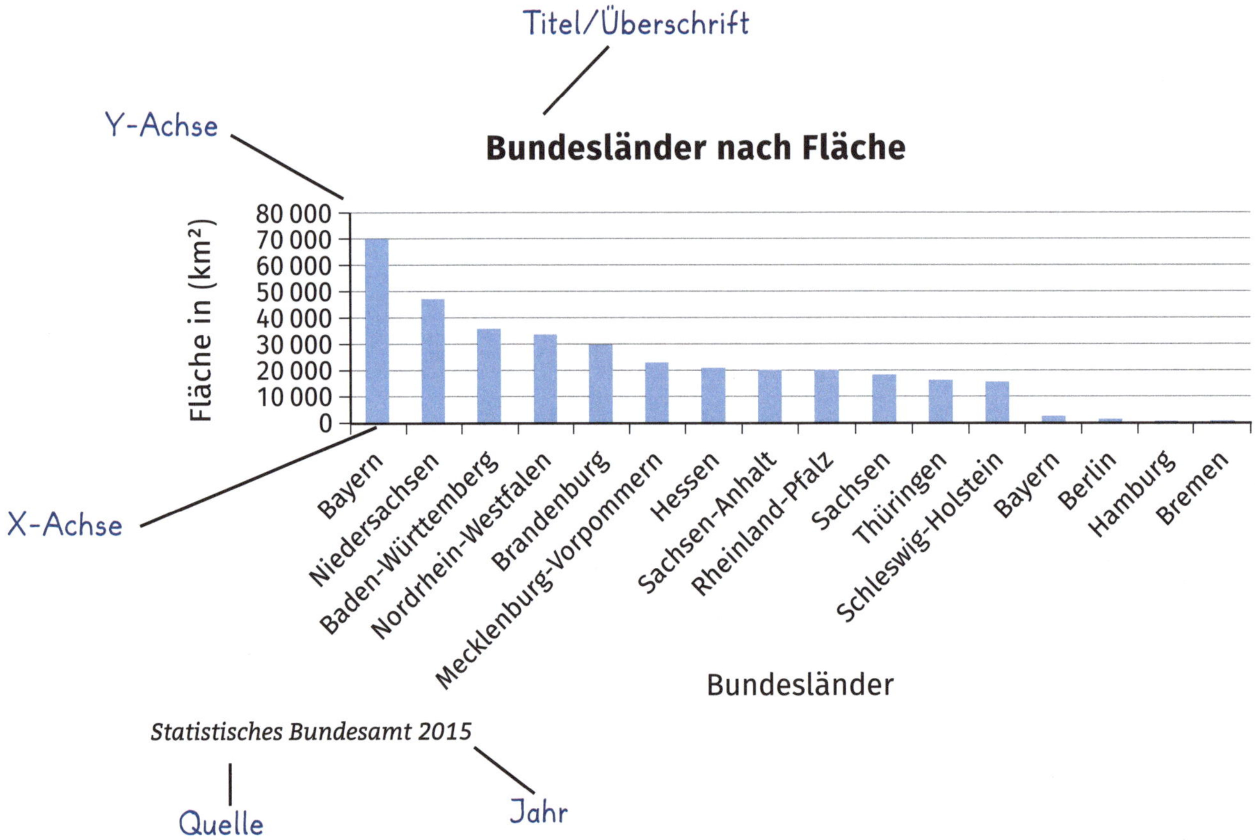

Aufbau: Das Diagramm ist ein Säulendiagramm. Das Thema des Diagramms ist „Bundesländer nach Fläche". Die X-Achse zeigt die Bundesländer und die Y-Achse zeigt die Fläche in Quadratkilometern. Die Quelle ist das Statistische Bundesamt. Die Daten sind aus dem Jahr 2015.

Inhalt: Bayern hat die größte Fläche. Es ist ungefähr 70.000 km² groß. Bremen ist hat die kleinste Fläche. Es ist nur ca. 400 km² groß.
Die drei Bundesländer mit der größten Fläche sind Bayern, Niedersachsen und Baden-Württemberg. Die drei Bundesländer mit der kleinsten Fläche sind Bremen, Hamburg und Berlin.

b Ergänze die Informationen zum Diagramm.

Art des Diagramms: Säulendiagramm

Thema/Titel: ______

X-Achse: ______

Y-Achse: ______

Quelle: ______

Jahr: ______

5 Schreibe nun einen Text zu deinem Diagramm aus Aufgabe 3.

a Beschreibe erst den Aufbau.

Das Diagramm ist ein Säulendiagramm. Das Thema ...

b Beschreibe den Inhalt deines Diagramms. Gehe so vor:
Beschreibe zuerst die Superlative: Welches Bundesland hat die meisten, welches die wenigsten Einwohner?

Vergleiche anschließend die verschiedenen Bundesländer genauer miteinander. Versuche jedes Redemittel einmal zu verwenden.

Beispiel: Thüringen hat ungefähr genauso viele Einwohner wie Sachsen-Anhalt.

mehr (>) – weniger (<)
ungefähr genauso ... wie (=)
doppelt so ... wie
halb so ... wie

c Wähle die wichtigsten Informationen aus Aufgabe 5b und c aus und schreibe einen kurzen Text in dein Heft.

Naturraum Deutschland

1 a Schau dir die Bilder an. Was siehst du?
Schreibe passende Wörter aus dem Kasten unter die Bilder. Nutze ein Wörterbuch.

das Feld/die Felder
die Wiese/die Wiesen
der Wald/die Wälder
der Berg/die Berge
der Gipfel/die Gipfel
der Hügel/die Hügel
der Baum/die Bäume
der See/die Seen
das Tal/die Täler

der Schnee das Eis

grün hellgrün
dunkelgrün gelb
braun

flach hügelig

A

Felder

B

C

D

b Beschreibt euch gegenseitig die Bilder. Nutzt dazu die Redemittel.

Auf dem Bild gibt es/sind … Ich sehe …

c Lies noch einmal den Blogeintrag im Kursbuch auf S. 65. Was denkst du: Zu welchem Teil der Reise passen die Bilder A – D? Welche Landschaft sehen die Norweger auf ihrer Reise nicht?

Ich denke, Bild 1 ist …

d Die Bilder A–D zeigen die vier Großlandschaften in Deutschland. Lies die Beschreibungen zu den Großlandschaften und ordne sie dem richtigen Bild zu.

Im Alpenvorland sind die Höhenunterschiede ziemlich gering (300–800 m). Es liegt zwischen den Alpen im Süden und der Donau im Norden. Die Landschaft ist hügelig und auf den Hügeln wächst oft Wald. Es gibt viele Seen, wie zum Beispiel den Starnberger See und den Chiemsee im Osten. Ganz im Westen liegt der Bodensee. Die größte Stadt im Alpenvorland ist München.

Bild: ______

Im Norddeutschen Tiefland ist kein Hügel höher als 200 m. Viele Gebiete sind sogar niedriger als 5m. Das norddeutsche Tiefland reicht von den Küsten der Nord- und Ostsee über 250 km ins Land, etwa bis zu den Städten Köln, Hannover und Leipzig. Die Landschaft ist sehr flach und nur leicht wellig. An den Küsten von Nord- und Ostsee gibt es viele Wiesen und Weiden. Auch wichtige Häfen liegen an der Küste: Hamburg zum Beispiel hat den größten Seehafen Deutschlands. Hier kommen jeden Tag zahlreiche Schiffe mit Waren aus aller Welt an.

Bild: ______

Der Mittelgebirgsraum liegt zwischen 500 und 1500 m. Er erstreckt sich von der Donau im Süden bis zum Harz im Norden. Es gibt viele Berge, sanfte Hügel, aber auch schroffe Täler mit Flüssen. An den steilen Hängen und auf den Bergen wächst oft dichter Wald. Der Feldberg ist mit 1493 m der höchste Berg im deutschen Mittelgebirgsraum.

Bild: ______

Die Alpen sind ein Hochgebirge. Sie liegen ganz im Süden von Deutschland. Die Berge dort sind höher als 1500 m. Die Täler sind oft sehr tief und steil. Es gibt Wasserfälle und wilde Flüsse. Viele Gipfel sind das ganze Jahr mit Schnee bedeckt. Dort wachsen keine Pflanzen mehr. Die Zugspitze ist mit 2962 m der höchste Berg Deutschlands. Man kann mit einer Seilbahn bis zum Gipfel der Zugspitze fahren. Nur ein kleiner Teil der Alpen gehört zu Deutschland.

Bild: ______

e Trage die Informationen zu den Großlandschaften in die Tabelle ein.

	Norddeutsches Tiefland	**Mittelgebirgs-raum**	**Alpenvorland**	**Alpen**
Höhe	bis 200 m			
Charakteristika				tiefe, steile Täler, Wasserfälle, wilde Flüsse, keine Pflanzen, schneebedeckte Gipfel
Superlative			größte Stadt: München	
Lage		von der Donau bis zum Harz		

2 a Schau dir noch einmal den Blogeintrag im Kursbuch auf Seite 65 an. Notiere die Stationen der Reise. Markiere die Stationen auf der Karte. Zeichne dann die Reiseroute der Norweger in die Karte ein.

b Schau dir die Karte an und ergänze den Text über die Reiseroute.

Eva, Hans-Christian und Elisabeth beginnen ihre Reise im Norddeutschen ____________. Dort besuchen sie die Städte ________________ und ________________. Danach fahren sie ein weites Stück durch ________________, und zwar von ________________ nach ________________. Der Feldberg, der höchste Berg im ________________, liegt in der Nähe von Freiburg. Dann fahren sie durch __________________________ nach München. In die ________________ fahren sie nicht.

Ein Stadtporträt

1

2

3

4

1 a Schau dir die Fotos an. Was siehst du?

b Mache dir Notizen. ______________________________

____

2 a Lies den Text über die Stadt Stralsund. Welche Fotos passen? Ordne die Fotos den Textabschnitten zu.

Stralsund

◯ Die Stadt Stralsund liegt im Nordosten von Deutschland am Strelasund. Der Strelasund ist ein schmaler Teil der Ostsee (Meeresarm). Er trennt Stralsund, das auf dem Festland liegt, von der Insel Rügen. An der Küste von Rügen gibt es schneeweiße Felsen. Viele Menschen wollen diese Felsen sehen und machen auf Rügen Urlaub.

◯ Stralsund ist eine Hansestadt. Hansestädte waren vor vielen hundert Jahren sehr reich. Die Menschen haben vom Kaufen und Verkaufen von Waren gelebt. Sie waren Kaufleute oder Händler. Die Kaufleute haben sich gemeinsam organisiert. So konnten sie ihre Waren noch besser verkaufen und haben viel Geld verdient.

◯ Heute gibt es in Stralsund noch viele alte Gebäude, zum Beispiel die Wohnhäuser der Kaufleute oder große Kirchen. Es gibt auch mehrere Häfen, zum Beispiel einen Seehafen und einen Stadthafen.

◯ Auf der Hafeninsel steht das Deutsche Meeresmuseum „Ozeaneum“. Dort kann man viele verschiedene Meerestiere sehen. Es gibt auch extra Angebote für Schulklassen.

Viele Menschen kommen jedes Jahr nach Stralsund. Sie wollen die Stadt besichtigen. In Stralsund leben etwa 58.000 Menschen. Viele Einwohner arbeiten auch heute im Handel oder in Hotels und Restaurants.

b Ergänze die Tabelle.

Stralsund	
Geografische Lage	
Sehenswürdigkeiten	
Einwohnerzahl	
Branchen	

Die Geschichte von der Loreley

1 Schau dir die Bilder an. Was siehst du? Ordne die passenden Textabschnitte zu.

1

2

3

4

5

6

7

◯ Das ist der Loreleyfelsen im Rhein. Zu diesem Felsen gibt es eine traurige Geschichte.

◯ Aber das Mädchen warf ihre Bernsteinkette in den Fluss und rief: „Vater, Vater, geschwind, geschwind“ – hilf deinem Kind!“

◯ Vor vielen, vielen Jahren lebte hier auf dem Loreleyfelsen ein schönes junges Mädchen. Abends, wenn die Sonne unterging, saß sie auf dem Felsen. Ihre Bernsteinkette glitzerte in der Abendsonne und sie kämmte ihre blonden langen Haare. Dabei sang sie ein Lied. Die Melodie war wunderschön.

◯ Der Pfalzgraf schickte einen Soldaten auf den Felsen. Der Soldat sollte das Mädchen in den Rhein stoßen.

◯ Er achtete nicht mehr auf den Felsen. Er verunglückte. Sein Boot sank. Dies passierte vielen Fischern und auch dem Sohn des Pfalzgrafen.

◯ Da schlugen zwei große Wellen über dem Felsen zusammen und zogen das schöne Mädchen in die Tiefe. Man hat sie nie mehr gesehen.

◯ Ein Fischer auf dem Rhein hörte den Gesang. Er hatte nur noch Augen für das blonde Mädchen.

2 Lies nun das Gedicht von Heinrich Heine. Markiere Stellen im Gedicht, die zu den Texten passen. Welcher Teil der Geschichte wird im Gedicht nicht (direkt) erzählt?

Loreley

Von Heinrich Heine

Ich weiß nicht, was soll es bedeuten,
Daß ich so traurig bin;
Ein Märchen aus alten Zeiten,
Das kommt mir nicht aus dem Sinn.

Die Luft ist kühl und es dunkelt,
Und ruhig fließt der Rhein;
Der Gipfel des Berges funkelt
Im Abendsonnenschein.

Die schönste Jungfrau sitzet
Dort oben wunderbar,
Ihr goldnes Geschmeide blitzet,
Sie kämmt ihr goldnes Haar.

Sie kämmt es mit goldnem Kamme,
Und singt ein Lied dabey;
Das hat eine wundersame,
Gewaltige Melodey.

Den Schiffer, im kleinen Schiffe,
Ergreift es mit wildem Weh;
Er schaut nicht die Felsenriffe,
Er schaut nur hinauf in die Höh‘.

Ich glaube, die Wellen verschlingen
Am Ende Schiffer und Kahn;
Und das hat mit ihrem Singen
Die Loreley getan.

In Freiburg

1 Lies die Aufgaben. Höre den Text im Kursbuch (Seite 64, Track 28) noch einmal. Kreuze die richtige Antwort an. ▸ 1.28

Das Goethe Institut in Freiburg ist ...
- ☐ ... in der Wilhelmstraße.
- ☐ ... direkt am Bahnhof.
- ☐ ... links neben dem Konzerthaus.

In Hamburg waren die Studenten ...
- ☐ ... im Hafen.
- ☐ ... im Museum.
- ☐ ... in den Messehallen.

In Freiburg wollen die Studenten ...
- ☐ ... Deutsch lernen.
- ☐ ... einen Freund treffen.
- ☐ ... grillen.

2 Lies den Dialog und ergänze die richtige Verbform.

GR ▸ S. 190–191

Eva: Was hat der nette Student ___________ (sagen)? Am Konzerthaus vorbei?

Elisabeth: Ja, wir sind jetzt schon mal über die Straße ____________________ (gehen), wie er gesagt hat.

Hans-Christian: Ich habe ein Schild __________ (sehen) – Konzerthaus. Guckt mal: Da!

Elisabeth: Okay. Links oder rechts?

Hans-Christian: Rechts neben dem Konzerthaus – so hat der Student es ____________________ (beschreiben).

Eva: Schaut mal – da steht „Wilhelmstraße"!

Elisabeth: Wo? Ich habe es nicht ____________________ (sehen).

Eva: Guck doch – da, das blaue Schild!

Hans-Christian: Das haben wir aber schnell ____________________ (finden)!

S. 190–191 ◂ GR

Berichte aus Freiburg

1 a Hans-Christian hat einen Freund in Freiburg: Marius. Marius will wissen, was Hans-Christian, Eva und Elisabeth in Freiburg alles gemacht haben. Lies die E-Mail von Marius und ergänze die E-Mail von Hans-Christian. Verwende die Verben im Kasten. Achtung, nicht alle Verben passen!

essen fahren gehen kaufen lesen machen nehmen posten reisen schmecken trinken

Hei Hans-Christian,
cool, dass wir uns gesehen haben! Was habt ihr denn noch so in Freiburg gemacht? Schreib doch mal!
Bye for nå
Marius

Hi Marius,
Freiburg war so schön! Wir ________________ echt viele Fotos ________________ und die Fotos sofort ________________.
Wir ________________ zuerst auf den Münstermarkt ________________ und ________________ da Obst ________________. Eva ________________ eine Bratwurst ________________. Die ________________ ihr gut ________________. Ich ________________ ein Bier ________________ – Tannenzäpfle heißt das. Ein komischer Name, aber lecker! Danach ________________ wir auf den Schauinsland ________________. Wir ________________ die Seilbahn ________________. Sensationell!
Im Winter ist es dort bestimmt auch schön. Das nächste Mal komme ich im Winter.
Bis bald,
Hans-Christian

b Schau dir die Verben im Kasten noch einmal an. Welche bilden das Perfekt mit *sein*, welche mit *haben*?

sein: gehen, … ________________

haben: machen, … ________________

Kannst du eine Regel formulieren?

____

____

2 Eva, Elisabeth und Hans-Christian haben einen großen Freizeitpark besucht. Sie haben unterschiedliche Dinge gemacht.

a Lies den Bericht von Eva und ergänze die Lücken.

Also, ich ____________ zuerst einmal eine Dampferfahrt über den See ____________ (machen). Das ____________ ungefähr eine Stunde ____________ (dauern). Danach ____________ ich mit einem riesigen Karussell ____________ (fahren). Es heißt Blue Fire Megacoaster – huch, das war sehr aufregend. Wir ____________ mindestens 4 Loopings ____________ (machen)! Danach war ich müde und ____________ erst mal etwas ____________ (chillen).

b Lies Elisabeths Notizen und schreibe einen Bericht über ihren Tag im Freizeitpark.

Zuerst: Europapark Express nehmen/
Rundfahrt machen/90 Minuten dauern/
Danach: Show „Geheimnis der magischen
Rose gucken"/Dann: „Die Rückkehr des
schwarzen Ritters" schauen. Das ist eine
Stuntshow mit Pferden/alles gut gefallen

Eine Fahrradtour planen

Izabela, Farid und Agniezka möchten eine Fahrradtour von Berlin nach Usedom an der Ostsee machen.
Sie wollen nicht so viel Geld ausgeben. Deshalb müssen sie die Strecken pro Tag, die Übernachtung, das Essen, die Rückfahrt, das Taschengeld und die Gesamtkosten genau planen.

Farid, Izabela und Agniezka planen ihre Reise.

1 a Lies den Dialog.

Farid: Wie lange soll unsere Fahrradtour denn dauern?
Izabela: Ich denke, 10 Tage sind prima. Dann können wir Fahrrad fahren, aber auch noch andere Dinge unternehmen, zum Beispiel schwimmen gehen und die Städte auf der Strecke besichtigen.
Agniezka: 10 Tage finde ich auch gut. Ich kann aber insgesamt nicht mehr als 250 Euro ausgeben.
Izabela: 250 Euro pro Person sind sicher genug. Wir brauchen doch nicht mehr als 12 Euro pro Tag für Essen und Trinken, oder?
Farid: Das glaube ich auch. Wie lang ist die Strecke von Berlin nach Usedom eigentlich?
Agniezka: Ungefähr 340 Kilometer.
Farid: Aber zurück fahren wir mit dem Zug, oder?
Izabela: Ja, wenn wir früh buchen, kosten die Tickets nur 19 Euro pro Person.
Agniezka: Und was machen wir mit den Fahrrädern?
Izabela: Die Fahrräder kann man für 6 Euro im Zug mitnehmen.
Agniezka: Wir müssen uns noch überlegen, wo wir übernachten.
Farid: Wir können auf dem Campingplatz übernachten.
Izabela: Das ist eine gute Idee! Zelten ist billig und macht Spaß.

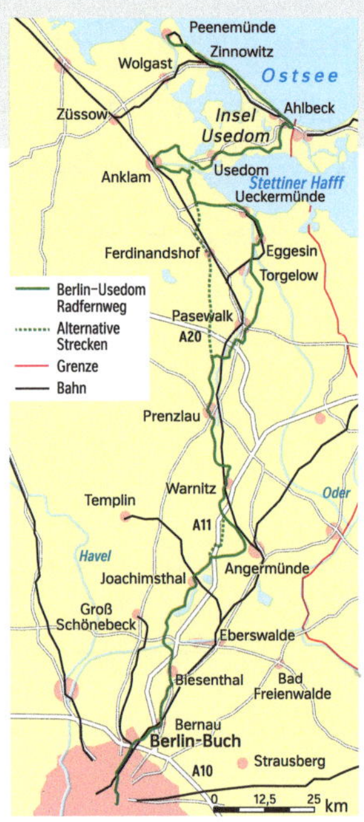

b Welche Informationen bekommst du? Trage ein.

Dauer der Reise: ______________________________

Länge der Strecke: ______________________________

Budget: ______________________________

Kosten für Essen und Trinken: ______________________________

Kosten für Zugticket: ______________________________

Kosten für das Fahrrad: ______________________________

Übernachtung: ______________________________

2 a Wobei kann Izabela, Farid und Agniezka de Mathematik helfen? Kann man das berechnen? Kreuze an.

	Ja	Nein
• Wie viel Geld haben sie insgesamt für Essen und Trinken eingeplant?	☐	☐
• Geht Agniezkas Fahrrad während der Reise kaputt?	☐	☐
• Wie viele Pausen müssen sie machen?	☐	☐
• Izabela, Farid und Agniezka möchten jeden Tag gleich viele Kilometer fahren. Wie lang ist die Strecke pro Tag?	☐	☐
• Wie teuer ist die Rückfahrt inklusive Fahrräder?	☐	☐
• Wie wird das Wetter?	☐	☐
• Wie teuer ist das Zelten auf dem Campingplatz in Angermünde?	☐	☐
• Wie viele Fotos macht Farid?	☐	☐
• Wie viel Geld haben sie für die Übernachtungen und Unternehmungen übrig?	☐	☐

b Was glaubst du: Reicht das Geld für die Fahrt? Bleibt noch Geld übrig?

c Berechne alle angekreuzten Kostenpunkte aus Aufgabe 2a.

1+2=

3 Farids Freund Bjarne möchte die Fahrradtour mitmachen. Farid schreibt Bjarne eine E-Mail und informiert ihn, was sie geplant haben und wie viel Geld sie brauchen. Schreibe den Text zu Ende. Verwende dafür auch die Ergebnisse aus Aufgabe 2c. Die Formulierungen im Kasten helfen dir.

du brauchst... insgesamt
... kostet ... jeweils
pro Tag/pro Person

Hallo Bjarne,

also, wir wollen für 10 Tage eine Fahrradtour machen. Wir fahren von Berlin bis nach Usedom. Wir müssen jeden Tag ... km fahren. ...

 KB ▸ S. 68

Auf dem Ehlers-Hof

▸1.35 ▸ **1 a Höre das Interview mit Bauer Ehlers.**

▸ **b Schau dir den Betriebsspiegel des Hofes von Bauer Ehlers noch einmal an und fülle ihn aus.**

Ehlers-Hof

Betriebsgröße		100 ha
Bodennutzung		
Ackerland		50 ha
davon	Mais	15 ha
	Getreide	20 ha
	Grünland	15 ha

Tiere

____

____

Arbeitskräfte

____

____

____

▸ **c Höre noch einmal. Kreuze die richtige Antwort an.**

▸1.35

1) Der Hof von Bauer Ehlers ist 100 ha groß. Das ist ungefähr so groß wie …
- ○ … 104 Fußballfelder.
- ○ … 114 Fußballfelder.
- ○ … 140 Fußballfelder.

2) Der Betrieb produziert …
- ○ … Getreide, Obst und Eier.
- ○ … Mais, Gemüse und Obst.
- ○ … Milch, Fleisch und Getreide.

3) Bauer Ehlers verfüttert an seine Tier …
- ○ … Mais.
- ○ … Roggen.
- ○ … Weizen.

4) Wenn es viel Arbeit gibt, ...
- ○ ... beschäftigt Herr Ehlers Aushilfskräfte.
- ○ ... bittet Herr Ehlers andere Bauern um Hilfe.
- ○ ... bittet Herr Ehlers seine Familie um Mithilfe.

5) Bauer Ehlers wollte als junger Mensch ...
- ○ ... Bauer werden.
- ○ ... den Hof der Eltern verlassen.
- ○ ... zur Universität gehen.

2 Zwei Schüler der Klasse 7a, Leon und Melanie, haben einen Bericht für die Schülerzeitung geschrieben. Bevor sie ihn abgeben, sollen die anderen den Text lesen. Lies den Text und korrigiere ihn.

Wir waren heute auf einem großen Bauernhof: Er hat 100 ha – das ist eine Menge: 114 Fußballfelder passen auf diesen Bauernhof. Bauer Ehlers betreibt Milchwirtschaft, das heißt, er hat viele Kühe und Kälber. Wir haben aber auch Hühner gesehen. Die Hühner verkauft er im Hofladen. So richtig cool sind die riesigen Maschinen. Herr Ehlers sagt, die Maschinen kann auch Frau Ehlers bedienen. Frau Ehlers arbeitet normalerweise im Hofladen. Es gibt auch eine Aushilfe – Jan heißt sie. Er hat gesagt, er will einmal Bauer werden. Die Arbeit von Bauern ist hart, aber sie ist auch schön, wenn man gern in der Natur draußen ist.

____

____

____

____

____

____

____

____

____

____

____

____

____

Beim Bauern God

Bevor die Klasse 7a den Bauernhof von Herrn Ehlers besucht, sprechen die Schülerinnen und Schüler im Unterricht über den Bauernhof der Familie God. Sie betreibt reinen Ackerbau.

1 a So sieht das Grundstück vom Bauernhof God aus. Schau es dir an.

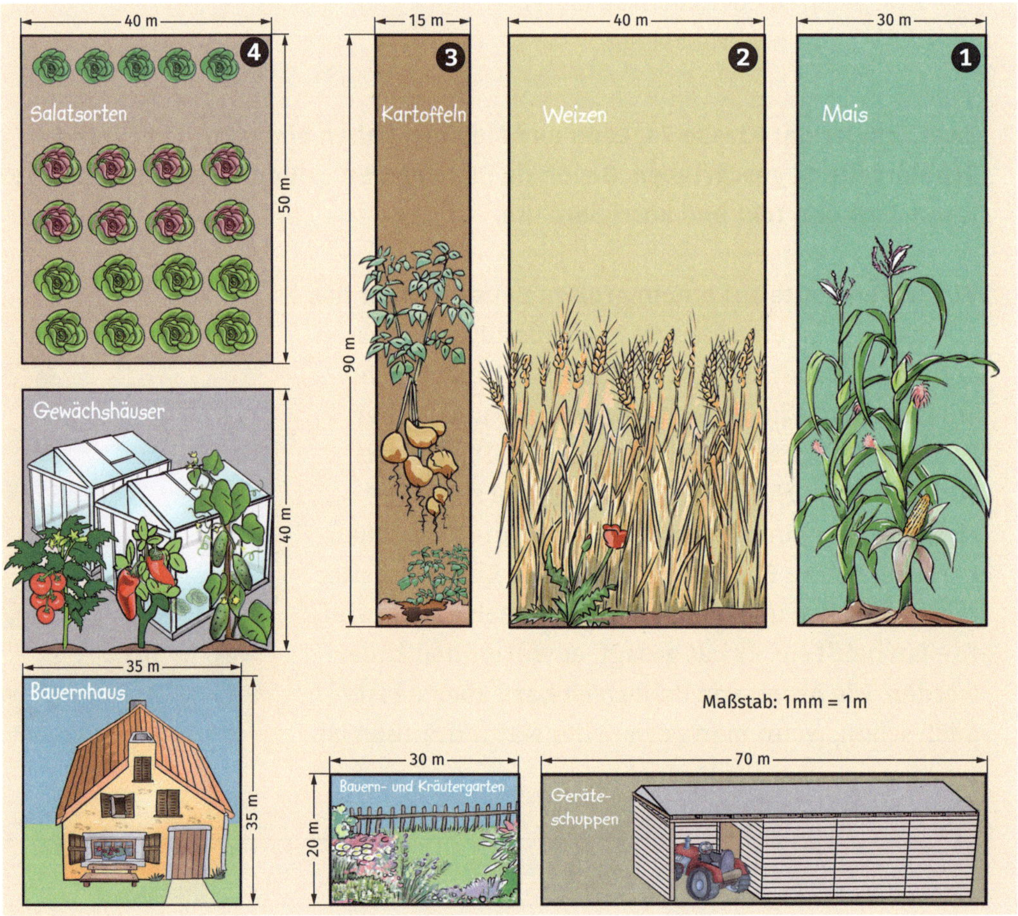

b Wie groß ist das Grundstück? Ergänze die Rechnung und berechne.

Als **Flächeninhalt** bezeichnet man das Innere (die Größe) der Fläche.
Bei Rechtecken multipliziert man die Länge mit der Breite:
A = Länge • Breite (sprich „Länge mal Breite")
Die Einheit einer Fläche wird in Quadrat angegeben, hier z. B. in m^2
(sprich: „Quadratmeter").

$A_{Grundstück}$ = ________________ m • ________________ m = ________________ m^2
(Länge$_{Grundstück}$) (Breite$_{Grundstück}$)

c Schreibe den Lösungssatz auf.

____

2 Wie groß sind die Flächen der vier Felder? Berechne und antworte.

1+2=

Feld	Länge	Breite	Rechnung	Flächeninhalt
1	______ m	30 m	______ m · ______ m	______ m²

____

____

____

____

3 Was ist das Besondere an den Flächen vom Haus und von den Gewächshäusern? Vervollständige die Sätze.

Die beiden ________________ sind rechteckig und sie haben vier ________________

Seiten. Solche ________________ nennt man Quadrate.

4 a Ein Zaun schützt das Salatfeld (Feld 4) vor gefräßigem Wild wie Rehen und Hasen. Wie viel Meter Zaun braucht Familie God dafür? Berechne und schreibe einen Antwortsatz.

1+2=

$U_{Grundstück}$ = 2 · ______ m + 2 · ______ m = ______ m
(Länge$_{Grundstück}$) (Breite$_{Grundstück}$)

Antwort: ____

____

Hier muss der **Umfang der Fläche** berechnet werden.
Der **Umfang U** ist die Länge der Linie, die eine Figur begrenzt.
Bei einem Rechteck ist
U = 2 · Länge + 2 · Breite.

b Familie God zieht im Garten Blumen, Kräuter und Gemüse. Sie möchte den Garten einzäunen, da sonst der Familienhund über die Beete läuft. Wie viel Meter Zaun braucht sie dafür? Berechne und schreibe einen Antwortsatz.

1+2=

Antwort: ____

Spargelhof

Die Familie Naumann betreibt einen Spargelhof in Brandenburg, etwa 70 Kilometer von Berlin entfernt. Kürzlich gab es ein Interview mit Herrn und Frau Naumann in der Lokalzeitung.

▸ **1 a Lies das Interview und erstelle in deinem Heft einen Betriebsspiegel.**

Spargelhof Naumann	
Betriebsgröße	ha
Bodennutzung	
Ackerland	ha
davon	ha

Lokalzeitung: Dürfen wir Ihnen ein paar Fragen stellen?
Frau Naumann: Dafür nehmen wir uns gerne Zeit.
Lokalzeitung: Auf wie viel Hektar bauen Sie Spargel an?
Herr Naumann: Wir sind ein Familienbetrieb und bauen auf 18 Hektar weißen Spargel an. Auf zwei Hektar haben wir dieses Jahr auch grünen Spargel angebaut. Diesen Spargel kaufen die Kunden heute auch sehr gerne. Das war früher nicht so.
Lokalzeitung: Bauen Sie nur Spargel an?
Herr Naumann: Nein. Unser Hof ist ja über 100 Hektar groß. Aber für unseren Spargel sind wir in der Region bekannt.
Lokalzeitung: Spargel anbauen ist sehr arbeitsintensiv. Wie sieht Ihr Arbeitstag aus?
Herr Naumann: Das kommt darauf an, um welche Jahreszeit es sich handelt. Richtig viel Arbeit haben wir in den Monaten April, Mai und Juni. Dann ist Erntezeit. Da beginnt die Arbeit sehr früh am Morgen. Mittags machen wir eine längere Pause, damit wir am Nachmittag bis in den Abend hinein arbeiten können.
Wir brauchen auch viele Erntehelfer, die für uns den Spargel stechen. So nennt man das Ernten von Spargel. Unsere Erntehelfer kommen aus Polen. Viele kommen seit Jahren zu uns zum Arbeiten. Der Vorarbeiter ist zum ersten Mal vor 25 Jahren bei uns gewesen und kommt seitdem jedes Jahr.
Lokalzeitung: Sie haben auch ein Restaurant. Wann hat es geöffnet?
Frau Naumann: Unser Restaurant hat das ganze Jahr geöffnet, und zwar von Dienstag bis Sonntag von 11:30 bis 15:00 Uhr und von 18:00 bis 22:00 Uhr. Für unser Restaurant haben wir den alten Kuhstall umgebaut. 80 Gäste haben darin Platz. Das Restaurant ist sehr beliebt, vor allem auch wegen der Terrasse. Im Frühjahr kann man hier jeden Tag frischen Spargel essen. Das Restaurant betreibe ich gemeinsam mit unserem ältesten Sohn. Er hat Koch gelernt und steht fast jeden Tag in der Küche.

b Julius Naumann, der zweite Sohn der Familie, will die Website des Betriebs aktualisieren. Ergänze die fehlenden Wörter mit Informationen aus dem Interview.

Spargelhof __________ – Markenqualität aus __________

______________ **aus eigenem Anbau**

Die Spargelsaison hat begonnen!

Traditionell beginnt die Spargelsaison etwa Ende __________ und endet am 24. Juni.

Danach wird üblicherweise nicht mehr geerntet, damit sich die Pflanze erholen und Kraft für das nächste Jahr sammeln kann.

Unsere __________ aus __________ sind angekommen! Am frühen __________ ernten sie den Spargel.

So kommt er immer erntefrisch auf Ihren Tisch.

Wann kommen Sie uns besuchen?

Restaurant „Im Alten Stall"

Spargelhof Naumann

Öffnungszeiten:

Dienstag bis Sonntag

_______ bis _______ Uhr

_______ bis 22:00 Uhr

__________ Ruhetag.

2 Beantworte Frage A oder B. Berichte.

A Gibt es in deiner Stadt oder deinem Dorf Bauernhöfe, die sich spezialisiert haben?

B Gibt es in deinem Land ähnliche Bauernhöfe?

Ein Paket geht auf Reisen

1 Schau dir die Abbildung an. Wo ist das? Was macht die Frau? Mache dir Notizen.

2 Lies den Text. Markiere die Information, die zu dem Foto passt.

In der Postfiliale in Achern wiegt die Postangestellte jedes Paket, das die Kunden bei ihr abliefern und bezahlen. Auf jedes Paket klebt sie einen Strichcode. Dann legt sie das Paket auf einen Wagen. Um 18 Uhr kommt ein Zustellfahrzeug und holt alle Pakete ab.

Das Zustellfahrzeug transportiert die Pakete zum nächsten Frachtzentrum. Das ist beim Flughafen in Lahr. Dort legen Mitarbeiter die Pakete aus Achern auf Fließbänder. Der Strichcode muss oben liegen. Scanner lesen nun den Strichcode und Computer sortieren die Pakete.

Ein Paket aus Achern soll nach Bonn geschickt werden. Daher ordnet der Computer das Paket dem Frachtzentrum Koblenz-Neuwied zu. Das Paket kommt auf einen LKW, der zum Frachtzentrum in Neuwied-Koblenz fährt. Der LKW fährt über die Autobahnen A5 und A 61 und kommt mitten in der Nacht in Neuwied an. Dort warten wieder Mitarbeiter und legen alle Pakete auf ein Fließband. Wieder sortieren Computer die Pakete. Das Paket aus Achern, das nach Bonn soll, ordnet der Computer der Zustellbasis Bonn-Auerberg zu. Es wird in einen LKW verladen, der dorthin fährt. Gegen fünf Uhr morgens kommt der LKw in Bonn-Auerberg an. Jetzt muss das Paket nur noch an den Empfänger ausgeliefert werden.

3 a Schau dir die Filmleiste an. Markiere die Stationen im Text.

b Lies den Text noch einmal und ergänze den Lückentext mit den Wörtern im Kasten.

-e Postfiliale
-s Paket

-r Strichcode

-s Paketzentrum
-s Zustellfahrzeug

-r LKW
sortieren

transportieren

Der Weg eines Paketes

1. Zuerst muss man das Paket in der ______________ einliefern.

2. Dann bekommt das Paket einen ______________.

3. Ein ______________ bringt das Paket zum ______________.

4. Dort werden die Pakete ______________ und in einen anderen ______________ geladen.

5. Der ______________ fährt über die ______________ zum nächsten ______________.

6. In Neuwied werden die Pakete noch einmal ______________ und nach Bonn ______________.

7. Um 5 Uhr morgens ______________ das Paket in Bonn-Auerberg ______________.

Postfiliale	sortiert	LKW	Paketzentrum	
LKW	Autobahn	Strichcode	transportiert	sortiert
Paketzentrum	kommt .... an	Zustellfahrzeug		

-e Postfiliale,
-s Paket,
-r Strichcode,
-s Frachtzentrum,
-r LKW,
sortieren

Automobilindustrie in Deutschland

1 a Schau dir die Fotos an. Was siehst du? Notiere deine Vermutungen.

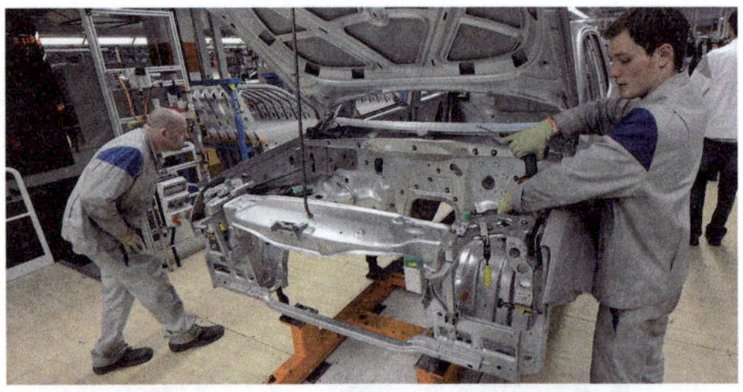

b Was weißt du über deutsche Autos? Mache dir Notizen.

____

____

____

____

**c Ergänze den Lückentext mit den Wörtern aus dem Kasten unten.
Achtung: Nicht alle Wörter passen!**

Das Geburtsjahr der deutschen ____Automobilindustrie____ ist das Jahr 1886:

Am 29. Januar ________________ meldet der Erfinder Carl Benz das Patent für seinen Motorwagen an. Seit 1894 produziert Carl Benz ________________ in Serienproduktion. Er ist der erste, der das macht.

Auch der Deutsche Gottfried Daimler ________________ – unabhängig von Carl Benz – seit 1887 Autos.

Eine ____________ ist auch Berta Benz, die Ehefrau von Carl Benz: Sie ____________ im August 1888 mit dem Benz Patent-Motorwagen Nummer 3 von Mannheim ____________ Pforzheim und zurück. Das ist mit mehr als 100 Kilometern die ____________ Fernfahrt mit einem Auto.

Automobilindustrie	baut	2002	fährt	Pionierin
erste	nach	Automobilwerk	1886	Autos

2 a Schau dir den Kartenausschnitt an: Welche Industrien findet man um Hamburg, Bremen und Bremerhaven? Notiere.

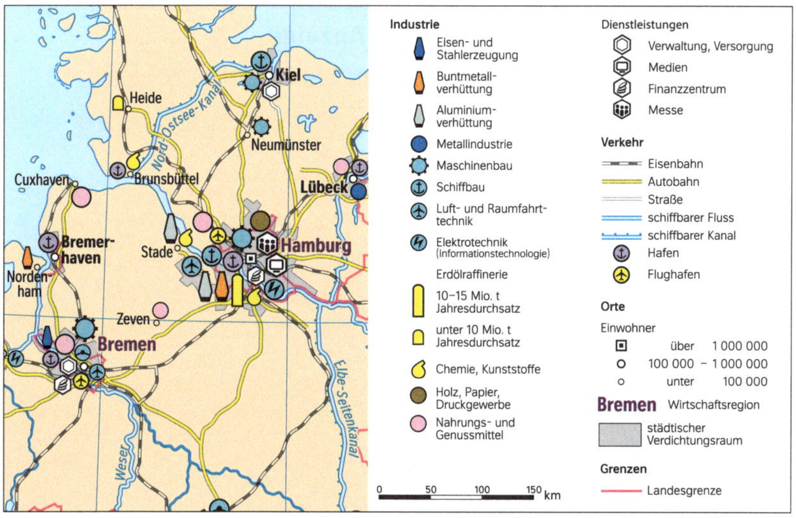

Welche Industrie findest du am meisten?

b Lies den Text über die deutsche Transportindustrie und ergänze die Stichwörter.

Die Automobilindustrie ist eine sehr wichtige Branche in Deutschland. Einige sehr bekannte Automarken kommen aus Deutschland. Das heißt, sie wurden in Deutschland gegründet und sie haben hier ihren Hauptsitz: So zum Beispiel Daimler und Porsche mit dem Hauptsitz in Stuttgart, BMW mit dem Hauptsitz in München und VW mit dem Hauptsitz in Wolfsburg.
In Deutschland gibt es neben der Automobilindustrie auch die Branchen Schiffbau, Schienenfahrzeugbau und Luft- und Raumfahrttechnik. Diese Unternehmen produzieren Züge, Straßenbahnen, Flugzeuge oder Schiffe. Werke, die Schiffe bauen und reparieren, nennt man Werften. Werften findet man an der Nordsee- und Ostseeküste. Die Standorte für die anderen Branchen findet man eher im Landesinneren. In Deutschland werden an vielen Standorten Automobile, Züge, Straßenbahnen oder Bauteile für diese Fahrzeuge hergestellt.
Die großen Unternehmen bauen neue Werke oft an Standorten, die gut mit Zügen oder mit dem Schiff erreichbar sind. Oder sie bauen neue Werke dort, wo sie gute Arbeitskräfte finden. Verschiedene Unternehmen, die Bauteile für Fahrzeuge herstellen, suchen ihren Standort oft in der Nähe. Dann findet man viele Unternehmen aus derselben Branche an einem Ort. Man sagt dazu Ballungsraum.

Tipp: Markiere die gesuchte Information im Text.

- Autoindustrie: ______________________ Branche
- Wichtige Standort der Automobilindustrie: ______________________
- Weitere wichtige Branchen: ______________________
- Werften: ______________________
- Wichtige Kriterien für Standortwahl:

  1. Anbindung an Zug oder ______________________

  2: ______________________
- Ballungsraum: Viele ______________________

Verkäufer/in werden

1 Auf der Website „Ausbildung.de" findest du diese Anzeige.
Lies die Anzeige und die Aussagen dazu. Kreuze an: Richtig oder falsch?

Frisch dabei sein und bei uns in den Beruf einsteigen!
mehr erfahren

2864 weitere Stellen anzeigen

Frisch Markt

- **Ausbildung zum Verkäufer (M/W)**
  Ort: Stuttgart **Beginn:** 01.08.2018 **Abschluss:** Erster Schulabschluss (Hauptschule)
- **Ausbildung zum Fachverkäufer (M/W) – Lebensmittelhandwerk**
  Ort: Leipzig **Beginn:** 01.08.2018 **Abschluss:** Erster Schulabschluss (Hauptschule)
- **Ausbildung zum Kaufmann (M/W) – Einzelhandel**
  Ort: Köln **Beginn:** 01.08.2018 **Abschluss:** Mittlerer Schulabschluss (Realschule)
- **Ausbildung zum Handelsfachwirt (M/W)**
  Ort: Frankfurt **Beginn:** 01.08.2018 **Abschluss:** (Fach-)Abitur

	richtig	falsch
1. Die Firma Frischmarkt sucht Auszubildende mit unterschiedlichen Schulabschlüssen	◯	◯
2. In Frankfurt gibt es einen Ausbildungsplatz als Verkäufer/in.	◯	◯
3. Wer Verkäufer/in werden will, braucht kein Abitur.	◯	◯
4. Die Ausbildung beginnt immer im August.	◯	◯

▶ 1.36

2 Lies die Aufgaben 1 – 5. Höre den Text von Seite 73 im Kursbuch noch einmal und kreuze die richtige Antwort an.

1. Du hörst ...
   - ◯ ... ein Fernsehinterview.
   - ◯ ... ein Gespräch zwischen zwei Schülern.
   - ◯ ... ein Radiointerview.

2. Kristina ist ...
   - ◯ ... eine Auszubildende.
   - ◯ ... eine Schülerin.
   - ◯ ... eine Verkäuferin.

3. Kristina hat ...
   - ◯ ... einen Hauptschulabschluss.
   - ◯ ... einen Realschulabschluss.
   - ◯ ... ein Fachabitur.

4. Kristinas muss heute noch ...
   - ◯ ... Milch auffüllen.
   - ◯ ... Plakate aufhängen.
   - ◯ ... Ware kontrollieren.

5. Kristina liebt bei ihrer Arbeit ...
   - ◯ ... das Auspacken von neuen Waren.
   - ◯ ... den guten Kontakt zu Kollegen.
   - ◯ ... die Gespräche mit den Kunden.

Ausbildungsberuf Uhrmacher/in

1 a Schau dir die Abbildung an. Sie gibt erste Informationen über den Beruf des Uhrmachers.

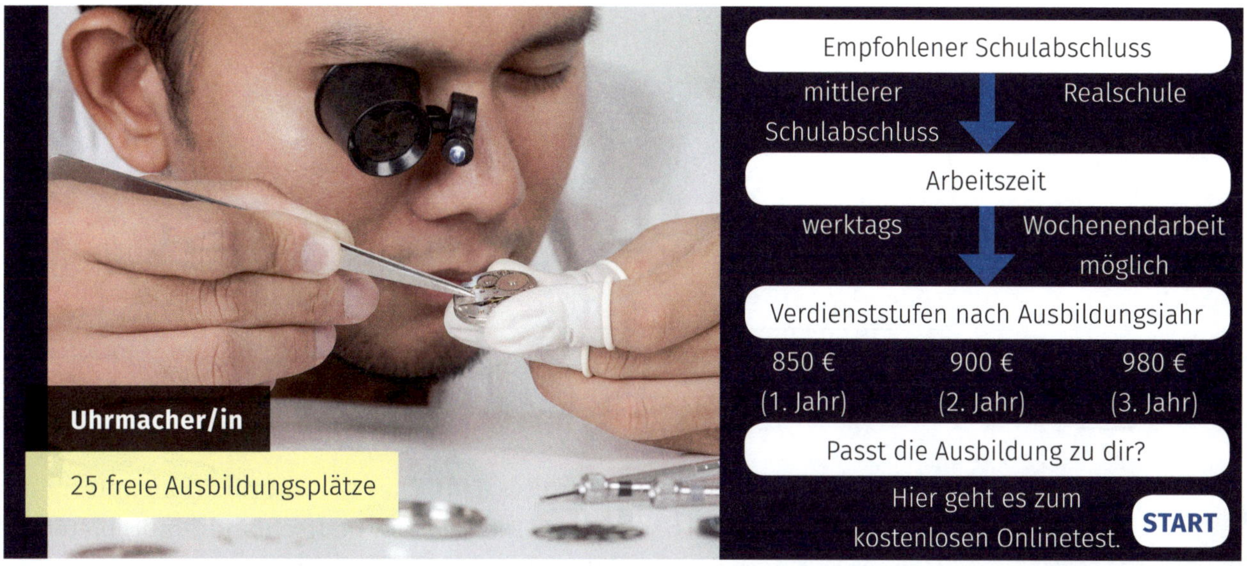

b Notiere dir wichtige Informationen.

- Welchen Schulabschluss braucht man? ______________________________
- Wie lange dauert die Ausbildung? ______________________________
- Wieviel verdient man während der Ausbildung? ______________________________

2 a Lies den Text zum Beruf des Uhrmachers. Ergänze die Tabelle.

In der Ausbildung zur Uhrmacher/in lernst du, Uhren zu produzieren. Das kann handwerklich geschehen oder industriell. In der Industrie steht die Serienproduktion von Uhren im Mittelpunkt. Als Uhrmacher/in steuerst und programmierst du dort die Maschinen und überwachst die Produktion. Als Uhrmacher/in im Handwerk baust du Uhren, aber du musst sie auch reparieren, prüfen und pflegen. Dafür brauchst du sehr viel Fingerspitzengefühl und Genauigkeit. Die winzigen Einzelteile müssen auseinandergenommen, geprüft und manchmal ersetzt werden. Außer in der Industrie und im Handwerk kannst du auch im Einzelhandel, das heißt in einem Uhrenladen oder der Uhrenabteilung eines Kaufhauses arbeiten.

Tätigkeiten des Uhrmachers	
Uhrmacher/in im Handwerk	**Uhrmacher/in in der Industrie**
Tätigkeiten:	**Tätigkeiten:**
Uhren produzieren	Maschinen ....
Uhren ...	Maschinen
Uhren	Produktion

b Welcher Bereich gefällt dir besser – das Handwerk oder die Industrie? Begründe deine Entscheidung.

KB ▸ S. 73

Unternehmen und Ausbildung

1 a Kennst du das Logo? Wo hast du es schon einmal gesehen? Notiere Stichwörter.

T · ·

____

____

b Lies die Information über die Deutsche Telekom.

Die Deutsche Telekom ist ein großes deutsches Kommunikationsunternehmen. Es hat seinen Firmensitz in Bonn. Die Telekom Deutschland GmbH bietet Dienstleistungen u.a. in den Bereichen Mobilfunk, Festnetz, Internet und auch Fernsehen an.
Die Telekom ist ein wichtiger Arbeitgeber in Deutschland. Bei der Telekom kann man acht verschiedene Berufe lernen. Man kann zwischen kaufmännischen und IT-Ausbildungsberufen wählen.

c Lies die Berufe und ordne sie der richtigen Kategorie zu.

Schlage unbekannte Wörter nach!

IT-Systemkaufleute; System-Elektroniker/in; Industriekaufleute; Kaufleute für Büromanagement; Kaufleute im Einzelhandel; Fachinformatiker/in in Anwendungsentwicklung; Fachinformatiker/in Systemintegration; Kaufleute für Dialogmarketing

Kaufmännische Ausbildungsberufe	IT-Ausbildungsberufe

2 a Schau dir das Foto an. Es zeigt eine Auszubildende bei der Telekom. Welchen Beruf lernt sie? Was vermutest du?

b Lies die Informationen der Telekom über den Beruf „IT-Systemelektroniker/in".

IT-Systemelektroniker/in

Wenn die Hardware Probleme macht oder die Software nicht läuft, bist Du vor Ort und kannst technische Hilfe geben. Denn als IT-Systemelektroniker/in kennst Du Dich aus mit dem technischen Service. Du hilfst nicht nur Kollegen, sondern Du berätst auch interne und externe Kunden der Telekom.
Nach Deiner dreijährigen Ausbildung entscheidest Du, wie es weitergeht: Weiterbildungen und Zertifizierungen oder eine Fachkarriere. Du hast viele Entwicklungsmöglichkeiten – nutze Deine Chance!
Die Ausbildung beginnt am 1. September und wird mit 900 Euro bis 1.000 Euro im Monat vergütet.

3 a Was interessiert dich mehr: eine kaufmännische Ausbildung oder IT? Informiere dich auf der Homepage der Telekom über die Ausbildungsmöglichkeiten:

https://www.telekom.com/de/karriere/schueler/ausbildungsberufe

b Berichte in der Klasse.

Diese Redemittel können dir helfen:
Bei der Telekom kann man eine ... oder eine .... Ausbildung machen.
Das sind die Berufe, die du bei der Telekom lernen kannst: ...
Die Ausbildung zum ... dauert .... Jahre.
In der Ausbildung verdient man .... Euro im Monat.

Die drei Wirtschaftsbereiche

Auf den Seiten 74 und 75 im Kursbuch findest du Seiten aus einem Geografiebuch zum Thema „Dienstleistungen". Die folgenden Übungen helfen dir dabei, diese Schulbuchseiten noch besser zu verstehen und einfacher bearbeiten zu können.

1 a Schau dir M1 an und lies die Texte. Ordne den Texten die richtigen Nummern im Bild zu.

Busfahrer Nr. ___
Ich mag meinen Beruf als Busfahrer. Viele Menschen kennen und grüßen mich. Sie sind dankbar, dass ich sie sicher an ihr Ziel bringe.

Altenpflegerin Nr. ___
Ich war schon immer gern mit älteren Menschen zusammen. Deshalb bin ich Altenpflegerin geworden. Ich unterstütze die Bewohner im Pflegeheim im Alltag oder gehe mit ihnen in der Stadt spazieren.

Verkäufer Nr. ___
Als Verkäufer habe ich viel Kontakt zu Menschen. Ich will meinen Kunden nur das Beste verkaufen. Seit einem Jahr habe ich einen eigenen Kiosk.

Lehrerin Nr. ___
Ich habe fünf Jahre Mathe und Deutsch an der Universität studiert. Jetzt unterrichte ich am Gymnasium. Meine Schüler sollen gut lernen. Deshalb versuche ich, den Unterricht interessant zu gestalten.

b Ordne die Berufe 1 bis 4 den Bereichen zu:

Handel: ______________________ Verkehr: ______________________

Bildung: ______________________ Medizinische Versorgung: ______________________

c Alle diese Berufe gehören zum Wirtschaftsbereich Dienstleistungen. Was haben sie gemeinsam? Notiere Stichpunkte.

d Lies die Beschreibungen der Wirtschaftssektoren? Welche Beschreibung passt zum Dienstleistungssektor? Kreuze die richtige Definition an.

In diesem Sektor werden Produkte gewonnen. Das können Rohstoffe, Edelmetalle oder land- und forstwirtschaftliche Güter sein. Diese Produkte werden in einem anderen Sektor weiterverarbeitet. ○

In diesem Sektor werden Rohstoffe be- oder verarbeitet. Das kann zum Beispiel im Bereich Handwerk, Industrie oder Bauwesen sein. ○

In diesem Sektor werden Leistungen und Arbeiten erbracht, die nicht der Produktion von Gütern dienen. Das kann zum Beispiel im Handel, im Verkehr oder in der Verwaltung sein. ○

Die Abbildung M6 auf S.eite 75 im Kursbuch zeigt, dass Dienstleistungen zum dritten Wirtschaftsbereich gehören. Der erste Wirtschaftsbereich besteht aus Landwirtschaft, Bergbau, Forstwirtschaft und Fischerei. Zum zweiten Wirtschaftsbereich gehören die Industrie und das Handwerk.

2 Lies die Berufe im Kasten rechts. Schau im Wörterbuch nach, was sie bedeuten. Trage die Berufe aus dem Kasten in die richtige Spalte ein. Du kannst auch die Bezeichnungen in deiner Sprache ergänzen.

erster Wirtschaftsbereich	zweiter Wirtschaftsbereich	dritter Wirtschaftsbereich
Holzarbeiter	Dachdecker	Lehrerin

Landwirt Bergarbeiter
Dachdecker Friseurin
Fischer
Verkäuferin Straßenbauer
Jäger Schneider
Holzarbeiter
Fabrikarbeiter
Lehrerin Altenpfleger
Bäcker
Busfahrerin

Im Laufe der Zeit hat sich die Arbeit in den Wirtschaftsbereichen verändert.

3 a Schau dir die Grafik M3 auf Seite 75 im Kursbuch an. Ordne die Jahreszahlen aus der Grafik den Bildern und Textausschnitten aus M5 zu.

1. Maschinen erleichtern die Arbeit auf dem Feld. Immer weniger Menschen arbeiten in der Landwirtschaft.

Jahr: ______

3. Die meisten Menschen arbeiten auf dem Feld. Maschinen gibt es nicht.

5. Viele Menschen wohnen auf dem Land und leben vom Ertrag ihrer Felder.

Jahr: ______

4. Die menschliche Arbeitskraft wird in den Fabriken immer öfter durch Maschinen ersetzt.

Jahr: ______

b Schau dir M3 noch einmal an und ergänze die Lücken.

Die Grafik zeigt die ________________________________ in den Jahren 1850,

__________ und __________ . 1850 arbeiten über 50 % im Wirtschaftsbereich ________________________.

1950 steigen die Wirtschaftsbereiche ________________________ und ________________________.

2014 arbeiten über 70 % im Wirtschaftsbereich ________________________________.

Nur noch wenige Menschen arbeiten heute im Wirtschaftsbereich ________________________.

Bild- und Textquellen

Bildquellen:

|Adam Opel AG, Rüsselsheim: 87. |akg-images GmbH, Berlin: 65; euroluftbild.de / Hans Blossey 62; INTERFOTO / TV-Yesterday 80. |Alamy Stock Photo (RMB), Abingdon/Oxfordshire: Miroslav Dakov 48. |argum Fotojournalismus, München: Falk Heller 43. |Berghahn, Matthias, Bielefeld: 50. |Berliner Verkehrsbetriebe (BVG), Berlin: 53. |Buschmann & Winkelmann GmbH - Spargelhof Klaistow, Beelitz GT Klaistow: 76. |Colourbox.com, Odense: 35, 43, 45, 48, 83; Oleksandr Prykhodko 40. |Deutsche Post AG, Bonn: 78. |Deutsche Telekom AG, Bonn: 84. |Druwe & Polastri, Cremlingen/Weddel: 13. |Dury, Bräunlingen: 87, 87. |Eiblmaier, Christine, Osnabrück: 62. |Elbert, Christina, Mülheim: 13. |Fotofinder GmbH, Berlin: IPN-Stock 13. |fotolia.com, New York: 80; contrastwerkstatt 45; daskleineatelier 80; Engel, David J 13; Frank 65; georgerudy 32; HLPhoto 77; karepa 77; Lysander 27; milatas 43, 45; olgavolodina 12; PhotoSG 77; Raymond Thill 57; Robert Kneschke 82; Santa Maria, Gino 40; Schwoab 13; Syda Productions 45; Urmann, Michael 62; Vadim Guzhva 33. |Franz, Renata, Essen: 50. |Garanin, Melanie, Falkensee: 13. |Getty Images, München: Hero Images 85. |Google Maps: 52. |Hoffmann, Franz, Jois: 14. |IKEA Deutschland GmbH & Co. KG, Hofheim-Wallau: 13. |Imago, Berlin: Arnulf Hettrich 65; imagebroker 65. |Interfoto, München: TV-Yesterday 36. |iStockphoto.com, Calgary: 28; Braun, Svetlana 73; DGLimages 40, 43, 45; frytka 13; IlexImage 13. |Kulturbureau, Hanau: Alexander Grüber 46. |Landesmedienzentrum Baden-Württemberg, Stuttgart: 62. |mauritius images GmbH, Mittenwald: Chris Seba 57. |OKAPIA KG - Michael Grzimek & Co., Frankfurt/M.: Ernst Schacke/Naturbild 13. |Picture-Alliance GmbH, Frankfurt/M.: 48, 48; Baumgarten, Ulrich 49; dpa/P. Steffen 80; dpa/Peer Grimm 48; firo Sportphoto/BP 48. |pixabay.com, Neu-Ulm: animatedheaven 13. |Schmidt, Marianne, Teningen: 72. |Shutterstock.com, New York: 48; Iakov Filimonov 70; Korshenuk 53; wavebreakmedia 84. |Stills-Online Bildagentur, Schwerin: 13. |stock.adobe.com, Dublin: 22; Africa Studio 45; Gelpi 22, 25; Kneschke, Robert 82; morrowligh 22; Syda Productions/lev dolgachov 12; ©morrowlight 12; ©ulianna19970 22. |Thinkstock, Sandyford/Dublin: Titel. |ullstein bild, Berlin: Poss, Oskar 36. |UNICEF Deutschland, Köln: Brigitte Stark-Merklein 43. |vario images, Bonn: J. Wolter 48. |Visum Foto GmbH, München: Buellesbach, Alfred 69. |Wefringhaus, Klaus, Braunschweig: 69. |Zeriadtke, Jan: 40.

Textquellen:

S. 66: Heine, Heinrich: Loreley. In: Conrady, Karl-Otto (Hg.): Das große deutsche Gedichtbuch. Von 1500 bis zur Gegenwart. Artemis & Winkler Verlag Zürich/Düsseldorf. 4. Auflage 1995, S. 113; S. 85: IT-Systemelektronikerin. In: Telekom: Karriere. URL: http://www.telecom.com/de/karriere/schueler/ausbildungsberufe/it-systemelektroniker-in (bearbeitet, Zugriff: 07.09.2017).